Johann Carl Conrad Oelrichs

Nachricht von seinen eigenen, meist zum Druck fertigen Manuscripten,

Manuscripten,

und anderen in seiner Bibliothek vorhandenen Handschriften

Johann Carl Conrad Oelrichs

Nachricht von seinen eigenen, meist zum Druck fertigen Manuscripten,
und anderen in seiner Bibliothek vorhandenen Handschriften

ISBN/EAN: 9783743609129

Hergestellt in Europa, USA, Kanada, Australien, Japan

Cover: Foto ©ninafisch / pixelio.de

Weitere Bücher finden Sie auf **www.hansebooks.com**

D. Joh. Carl Conrad Oelrichs,

Kayserl. Hof = und Pfalz = Grafen,
würkl. Geh. Legations=Raths, und Herzogl. Pfalz=Zweybrückfch.
auch Markgräfl. Badenschen am Königl. Preuß. Hofe
accreditirten Residenten,
verschiedener gel. Gesellschaften Mitglieds,

Nachricht

von seinen eigenen, meist zum Druck fertigen

Manuscripten,

und

anberen in seiner Bibliothek vorhandenen,
größesten Theils zum Druck zubereiteten

Handschriften,

auch einer ansehnlichen Sammlung ungedruckter Briefe
berühmter Gelehrten.

In einigen Sendschreiben

an einen auswärtigen Freund, auf dessen Verlangen
mit einigen Anmerkungen
mitgetheilt.

— *Cupias non placuisse nimis*
MARTIAL.

Frankfurt an der Oder,
bey Carl Gottlieb Strauß. 1785.

An den Leſer.

Jch habe weder Zeit noch Luſt, ein Mehreres wegen der Veranlaſſung zu dieſer jetzt, auf vieler Freunde Anrathen, im Druck erſcheinenden Nachricht zu ſagen, als im Anfange dieſer Briefe, fürnehmlich im zweyten ſchon geſchehen iſt. Einige von meinen eigenen, auch von fremden Handſchriften mögen unter meinen ſehr vielen Scripturen noch verſteckt liegen; wie mir denn die beyden lateiniſchen Codices von Pohlniſchen Staatsſchriften, welche ich ſchon vorlängſt in einer eigenen Schrift unter dem Titel: *Binos Bibliothecae ſuae Codices chartaceos Actorum publicorum regui Polouiae ſtrictim recenſet et ill. Gymnaſio academico Gedanenſi Iubilaeum ſecund. Id. Lun.* cIɔIɔccLvIII *ſolemni ritu celebranti ex animo gratulatur* — (die auch hiernächſt der Sammlung der Danziger Jubelſchriften einverleibet worden) beſchrieben habe, nur eben erſt in die Hände gekommen, die ſonſt a. d. 78 S. noch hätten folgen ſollen. Ich erinnere mich nun auch meiner orientaliſchen *Codicum*, davon drey vormahls in meinen Beyträgen zur Geſchichte und Litteratur a. d. 311 — 316 S. durch den berühmten ehemaligen D. der Arzneygelahrtheit und Rektor der Nicolai Schule zu Leipzig, Reiſke, beſchrieben worden. Von dem letzteren Codice a. d. 31 S., welchen er für einen Türkſchen, der Miſſio-

narius

narius **Schütz** zu **Halle** aber, für einen Persi-
schen gehalten, hatte dieser mir zugleich folgende Beschreibung mitgetheilet. „Der Titel
„des Buchs sey: Scheffing-Metting i. e. Aduo-
„catus ſiue Procurator. Praemiſſa praefatione,
„ſchreibt er, ſequuntur capita X, quorum *Cap.* I.
„agit de virtutibus regum. *Cap.* II de moribus
„pauperum ſ. populi. *Cap.* III de moribus docto-
„rum eccleſiae. *Cap.* IV de excellentia tranquil-
„litatis animi. *Cap.*V de ſilentii vtilitate. *Cap.* VI
„de liberalitate diuitum. *Cap.* VII de auaritia et
„parſimonia. *Cap.* VIII de amore et amicitia.
„*Cap.* IX de imbecillitate. *Cap.* X de inſtitutione.
„Poſthaec venit concluſio libri. Hanc alia quae-
„dam excipiunt, vt 1) inſtructio de lectione Co-
„rani 2) Fabula de luſcinia et flore.“
Hiernächst hatte ich nur bemeldten meinem
würdigen Correspondenten **Reiſke** im 1774ſten
Jahre noch zwey andere ſolche Codices und ein
paar dergleichen einzelne Blätter zur Erklärung
zugeſchickt, worauf er mir folgendes geantwor-
tet: „Vom Codice num. I, dem in größerem,
„oder länglichem Format, kann ich mehr nicht
„ſagen, als daß er ein Türkiſcher Divan oder
„Sammlung von Türkſchen Gedichten ſey. Ganz
„fein und leſerlich geſchrieben. Wer aber der
„Verfaſſer, oder, welches der Inhalt ſey, das
„kann ich nicht ſagen, da ich kein Türkiſch ver-
„ſtehe. Num. 2, oder in kleinerem Format, iſt
„auch Türkiſch; doch erſehe ich aus den roth ge-
„ſchrie-

„schriebenen Titeln der Capittel so viel, daß es
„ein Türkischer Catechismus sey, die Glaubens=
„lehren und Lebensregeln der Türken enthal=
„tend. Den Namen des Verfassers erblicke ich
„nicht. Num. 3, die beyden einzelnen Blätter,
„sind pur arabisch und enthalten Lobsprüche auf
„die vier ersten Chalifen und deren so genannte
„Sigilla. Sigillum aber nennen die Araber die
„Beschreibung, wie einer ausgesehen hat, ob er
„kurz, oder lang, dicke oder dünne, schwarz oder
„weiß gewesen, was für Augen, Hare, Nase —
„er gehabt hat.“

Bey dem Schottschen Briefwechsel bemerke
ich annoch, daß obgleich die Concepte seiner
gelehrten Briefe sehr schlecht geschrieben sind
und viele schwer herauszubringende Aenderun=
gen sich darin befunden, solche gleichwohl durch
meinen ehemaligen Freund, den gewesenen
Königl. Französisch. Hofpred. zu Stettin,
von Perard, welcher mit vieler Mühe al=
les herausgebracht und sie sauber abgeschrieben
hat, zum Druck brauchbahr gemacht, auch von
diesen so wohl, als allen an den berühmten
Schott geschriebenen Briefen, der Hauptin=
halt eines jeden, zur geschwinden Uebersicht die=
ser ganzen wichtigen lehrreichen Briefsamm=
lung, in teutscher Sprache aufgesetzet worden.

Endlich wiederhole ich bey dieser Gelegen=
heit nochmahls sowohl meinen Wunsch, als auch
die in der Vorr. zu meinen Fortgesetzten Hi=

* 3   storisch=

ſtoriſch = Diplomatiſchen Beytrågen zur Ge=
ſchichte der Gelahrtheit in Pommern, (ob.
2 Th.) a. d. 3ten Seite verheißene Pråmie von
zwey Louisd'or für die Entdeckung und Ver=
ſchaffung einer authentiſchen Abſchrift des
Treptowſchen Landtags = Abſchieds auf
Lucià Tag (den 13ten Dec.) 1534; davon ich
am angef. O. in der Vorerinnerung zum
2ten Artik. a. d. 19 u. 20ſten S. alles, was
davon bekannt geworden, umſtåndlich gemeldet
habe; ſo daß an deſſen ehemaligen Daſeyn nicht
gezweifelt werden kann. Man ſehe auch hiebey
die G a d e b u ſ ch ſchen Pommerſchen Samm=
lungen im V u. VIſten St. a. d. 74. 98 und
folg. S. Dahingegen ich die in gedachter Vorr.
a. d. IVten S. auf Verſchaffung eines authen=
tiſchen Exemplars des Kayſerlichen Lehnbriefes
über Schwediſch = Pommern vom 1754ſten J.
verſprochene Pråmie von zwey Louisd'or aufhe=
be, da ich mir dieſe Urkunde ſchon långſt ſelbſt
verſchaft habe.

Uebrigens wünſche ich, die in meinem vor=
gedachtem Briefe durch dieſe Nachricht geäuſ=
ſerten guten Abſichten erreicht zu haben und hoffe,
daß man dieſe Bogen nur darnach allein beur=
theilen, und ſolchemnach nicht für unnütz halten
werde. Geſchrieben zu Berlin den 30ſten Jenner
1785.

D. Joh. Carl Conrad Oelrichs.

Erſtes

Erstes Schreiben.

Von meinen eigenen lateinischen Handschriften.

Da Ew. ꝛc. so oft bey mir angefraget, ob nicht von meinen vielen in der Handschrift habenden Ausarbeitungen, besonders von der Zeit meines geführten 21 jährigen Professoramts, etwas zum Druck fertig sey? und mich zugleich in diesem Fall ersuchet, solches Ihnen bekannt zu machen, weil Sie, leicht dazu Verleger zu schaffen, glaubten; so thue ich dies zwar jetzt auf Ihr Verlangen, ob ich gleich, da folgende Abhandlungen lateinisch abgefaßt sind, ich sie auch nicht gern anders, als allhier unter meinen Augen, zum Druck geben würde, bey jetzigen verkehrten Geschmack wohl am wenigsten hoffen kann, daß sich ein billiger Verleger dazu finden werde. Diese Handschriften sind meist zum Druck fertig:

1) Orationes binae *de magnis ac plane singularibus feminarum in iurisprudentiam meritis.* I) De *feminis, iuris doctoribus legitime promotis, professoribus publicis, indicibus, caussarum patronis et illustribus etiam huius sexus, iuris scientia claris.* In aditione muneris professoris ordinarii iuris naturae, ciuilis et historiae iuris litterariae

in regio eoque academico Gymnafio Palaeo-Stetinenfi XVIII Cal. Ianuar. A. MDCCLII dicta. II) De *feminis arbitris, pacis parariis et legatis.* In depofitione eiusdem muneris d. XIIII Sept. A. MDCCLXXIII vltra vicennium ibidem gefti, in fplendidiffimo auditorum confeffu, publice dicta. *Cum adnotationibus neceffariis.* —

2) *Iurisprudentia* antiqua et hodierna s y m-
b o l i c a *plagofa, vulnifica, immo capitalis, ex omni iure gentiumque moribus.* Siue *de plagarum, in primis alaparum vfu iuridico, et poenae experte et maximam partem grato atque benefico.* C o n-
s p e c t u s. *Prolegomena.* Vfus plagarum in iure fine poena, ope hiftoriarum et antiquitatum eruitur: quae ftudia iuri operam dantibus multifariam vtilia et neceffaria commendantur. Iurisprudentia Romana atque Germanica *fymbolica* plagas etiam atque in primis alapas adhibebat. Quae origo, ratio, quique vfus horum fymbolorum? Quid *plagae fymbolicae?* Omnis iurisprudentia eiusmodi plagis vfa. *Sect. I.* De plagarum, in primis *alaparum* atque *fauciationum* vfu fymbolico *ex variarum gentium iure ciuili priuato moribusque.* §. I. Manumiffio feruorum apud *Romanos,* interuenientibus *plagis* atque *alapis,* facta. §. II. Quocum ritu conueniunt focii dictio follemnis per *alapas* apud opifices, et artis typographicae alumnorum venatoriaeque miffio ex difciplina, itemque initiatio noui militis apud *Turcas,* et per *ftigmata,* f. *notas publicas inuftas* apud *Romanos,* (Conf. etiam *Sect. II* §. *I* et *Sect. V* §. *II*) neque minus primum nauigantium per mare et ciuitatum Hanfeaticarum receptiones

mer-

mercaturae difcipulorum, per *plagas*. §. III.
Emancipatio liberorum vetus fiebat *anteſtatione*
i. e. *aurium tractione* f. *torſione* et *alapis*. Alius
apud *Tirolenſes* mos liberos e parentum domo
exeuntes *ſtigmate* fignandi, vt ita eo certius ad
patrios lares redeuntes queant agnofci. §. IV.
De more feruos adquirendi per *alapas*, §. V. et
recuperandi : itemque de *aurium perforatione*,
tamquam modo retinendi feruum in perpetuum :
qui apud *Armenios* quoque in firmi amoris
coniugialis pignus adhibitus. (Conf. quoque inf.
§. *VIII.*) §. VI. Apud *Germanos* maxime frequentes fuerunt *teſtium alapae* et *aurium tractiones, torſiones* f. *fricationes*, gentibusque fepten-
trionalibus, ipforum, in nuptiarum celebratione,
teſtium, in rei peractae memoriam, *mutuae ver-
berationes* vſitatae. Apud *Romanos* non minus
teſtes in nonnullis negotiis haud aliter, quam
per *anteſtationem* (§. III) fieri poterant. §. VII.
Alaparum et *plagarum* fymbolum a Germanis,
fpeciatim etiam in iudiciis finium regundorum,
hodieque adhibetur. §. VIII. Varium *plagarum*
atque *vulnerationum* amoris teſtificandi cauſſa,
maxime coniugialis, fymbolum. Quo fpectat
flagellatorum quoddam genus in *Hiſpania*, fexui
muliebri placendi ſtudio, more *Africanorum*.
Apud *Armenos, perforatione aurium* matrimo-
nium ineuntium initiatio fiebat: apud *Perſas,
fauciationibus, ſanguinisque inde profluentis ex-
ſuctu*, et, apud *Thraces, vſtionibus*. *Lacedaemo-
niorum* et *Megarenſium* feminis, *alapis* donare
iuuenes licebat libidinis excitandae cauſſa. Alibi
maritus *flagris* ad concubitum allectus. A *Ro-
manis* ea pro foecunditate coniugali promouenda

A 2   in

in Lupercalibus adhibita: inde forte *Proteſtantium*, in multis Germaniae, nonnullisque etiam extra eam, vt in *Dania*, locis, *virgulae ictus*, tempore quadrageſimali, maxime diè cinerùm ſacrorum, ioci cauſſa, adhuc frequentes. *Bononienſes*, *Peruſini*, *Neapolitani* et *Patauini* ſponſalia *alapis* faciunt, *Saciae* vero populi, *pugna*, pro decidendo ſimul imperio mariti aut vxoris. §. IX. Apud veteres *Boruſſos* ſpqnſa miſere prius *pulſata et fuſtibus excepta*, in ſponſi concedebat poteſtatem. Apud *Ruſſos* quoque ſponſalia *flagris* celebrantur, quae etiam, *Afrorum* et *Americanorum* in regno *Peru*, more, veri atque non fucati amoris coniugialis, immo et gratiae principis erga viros magnos, teſtes apud illos et *Perſas* habentur optimi. *Corſorum* contra vxoribus, luctus ob mortem mariti teſtandi cauſſa, *flagra* conſueta. *Sect. II.* De ſauciationum, ſtigmatum, alaparum et plagarum vſu ſymbolico *ex iure eccleſiaſtico, in primis canonico - pontificio.* §. I. *Iudaei*, loco Chriſtianorum baptismi, *circumciſione* recens natorum *ſaucia*, ex V. T. praeſcripto, .et Catholici in ſacramento confirmationis Germ. *Firmelung* ac benedictione noui militis (Conf. etiam *Sect. I. §. II* et *Sect. V. §. II.) alapis* vtuntur. §. II. Honorum et ordinum ſacrorum collationes *virgae ictibus* apud hos fiunt, §. III itemque abſolutiones publicae poſt adſumtam fidem catholicam, §. IV quod vlterius probatur. §. V. Ritus recipiendi excommunicatos in gremium eccleſiae *publice*, *virgulae ictibus* abſoluitur, daemonem vero expellendi, *alapa.* §. VI. *Priuatim* quoque in ſymbolum poenitentiae *plagas* ſponte accipiunt confitentes: et *Hieroſolymam*, conue-

niendi fepulcri *Chrifti* cauffa, iter fufcipientes,
ftigmata ibi in carnofis corporis fui partibus,
imagines facras repraefentantia, et aliquando
ipfos XII apoftolos, hos inter vero *Iudam* in na-
tibus locantes, applicari fibi efflagitant: non-
numquam etiam *proteftantes* eumdem, ex pere-
grinationibus Catholicorum, famofiffimum lo-
cum, curiofitatis gratia vifentes, *ftigma* aliquod,
at levius, in carpo aut brachio, in loci folum
memoriam, aut ioci dumtaxat cauffa, fibi fieri
volunt. §. VII. Alii, vt flagellantes, *plagas*, fuis,
fibi ipfis infligunt manibus, fatisfactionis pro-
priae cauffa: alii puellas et mulierculas nudas,
fub pietatis fpecie, vel falutaris, vt vocant, dif-
ciplinae gratia, *virgulis* caedunt, alii fe ipfos
alapis in fermonibus facris, maioris animorum
commotionis cauffa, praeeunte ipfo clerico.
Sect. III. De plagarum, fanguinis miffionis et
vltimi fupplicii vfu fymbolico, *ex iure criminali.*
§. I. Iurisprudentia criminalis *plagis* etiam, *fym-
boli dumtaxat loco*, vtitur in eos, qui non deli-
querunt et contra in milites, ob delictum condo-
natos, immo et fures apud *Romanos, pauculi fanguinis fufione*, admonitionis tantum cauffa. §. II.
quid? quod vltimum fupplicium de tota delin-
quentis familia fumit, non poenae loco, fed ob
memoriae damnationem, vltionisque metum,
§. III. non minus etiam apud eosdem et *Belgas,*
de monftris, et in *Polonia*, de infante, ex inceftu
iuris gentium procreato, memoriae exftmguen-
dae cauffa. *Sect. IV.* De plagarum atque alaparum vfu fymbolico *ex iure feudali.* §. I. Iurisprudentia feudalis *alapas* cum *calcatione pedis,*
ceu inueftiendi ritum itemque *aurium tractiones,*

tam-

tamquam symbolum admittit §. II quid? quod *conculcationis colli* imperatoris, vt inueſtiturae cum imperio Rom. Germ. a pontificibus Rom. olim (ſi fabula vera) exercitae praebet exemplum. *Seſt. V.* De plagarum et in primis alaparum vſu ſymbolico *ex iure publico.* §. I. Vſus *alaparum* in inaugurationibus principum: §. II. itemque in emancipatione equeſtri. His et aliis *plagis* creantur etiam milites, (Conf. quoque *Seſt. I. §. II. et Seſt. II. §. I.*) et equites. §. III. Plerumque tamen equitum creationes *gladii* ſolum *iſtibus* fiebant. §. IV. Creabantur ſic olim quoque equites litterati, §. V. et apud veteres *Germanos*, Sundenſes ſpeciatim, aſtores arenae: *Katzen - Ritter*, more *Saxonum*, diſti. §. VI. Depoſitio academica, ex veterum gentium moribus, pueros, pro inculcanda ipſis patientia, indoleque eorum inueſtiganda, flagellandi, procul dubio orta, *plagis* non minus peragebatur. —

3) *Commentatio iuris Germ. de Botding et Lodding*, iudiciis Germaniae, in primis Marchiae Brandenburg. antiquiſſimis. Cum emendationibus et ſupplementis locupletata. Accedunt nouae Obſeruationes de aliis nonnullis iudiciis Marchiae Brandenburg. cum vetuſtiſſimis, tum celeberrimis, nuncupatis: *Dat Gericht tu der Klincken by Brandenborch; Tu der Crype vnd tu der Linden in der olden Marck. Des Koniges Kamere tu Tangermunde.* (ex Codice vetuſtiſſimo proceſſus Saxonici et ſpeciatim Marchici chartaceo bonae notae *Richtſteig*, vber das Landrecht diſto, *quem mea ſeruat bibliotheca*) itemque aliis: *Prolding. Burding. Landding. Graevending tho Ruppin.*

Ruppin. *Dat Mannrecht zue Friedebergk in noua Marchia* vocatis. —

4) Ad Commentat. de duarum ac trium et quidem fuperiorum atque omnium facultatum Doctoribus παραλιπομενα. —

5) Comment. iur. de iufto collegio in vno homine. —

6) In aliorum Commentationibus de eruditorum fcriptis, in quorum elaboratione auctores multum temporis confumferunt, Praetermiffa. —

7) De mirandis atque abfurdis iurisprudentiam tradendi methodis libellus. —

8) Ad V. C. *Georg. Gothof. Kufteri* Bibliothecam hift. Brandenburgic. *Ejus*que Acceffiones, Analecta. —

9) De ICtis in fanctorum ordinem relatis. Cum praef. de aduocato diaboli. —

10) Reliquiae linguae Sclauonicae in nominibus quibusdam regionum et locorum, quae nunc a *Germanis*, et, hos inter, in primis *Marchicis* (Brandenb.) et *Pomeranis*, poffidentur. —

11) De ftampilla diplomatica libellus. Editio multum auctior. —

12) Progr. exaug. de figlo pontificali: BENE VALETE! cum plus quam C figuris. Edit. multum auctior. —

13) Commentat. de confilio *Friderici Guilielmi M.* elect. *Brand.* condendi nouam Vniuerfitatem omnium gentium, fcientiar. et artium. Edit. multum auctior. —

14) Commentat. de Hiftoriographis Brandenburgic. Edit. multum auctior. —

15) Diff. de libror. et bibliothecar. fatis, in primis *libris comeftis.* Editio multum auctior. —

16) Diſſ. de *bibliotheca Neptuni.* Edit. multum auctior. —

17) Dictata ad V. C. *Io. Frid. Eiſenharti* Inſtitutionum hiſtoriae iuris litterariue edit. nouiſſ. de a. cIɔIɔcccLXIII in vſum auditorum antehac exarata. —

18) Diſſ. epiſt. de *Friderico Guilelmo* Boruſſ. rege — — Doctore iuris, *ex numo*, ceterisque ſupremam in iure, vel aliis facultatibus, lauream academicam haud dedignatis ſummis principibus. Editio multum auctior. —

19) Diſſ. epiſt. hiſtorico - iuridica de ſeruis iuris peritis atque magiſtratibus apud Romanos. Edit. locupletior. —

20) SCHOTTIANA. Siue reliquiae ſchedarum atque excerpta commercii epiſtolici viri poſt fata quoque celeberrimi, Io. CAROLI SCHOTT — — praemiſſa ipſius vita et recenſione ſcriptorum. Accedit ſylloge aliarum epiſtolar. celeberrimorum virorum ad alios ex doctrina claros ſcriptarum.

Eine beſondere Nachricht von dieſen SCHOTTIANIS werde ich Jhnen künftig mittheilen. *) Wollen Sie auch meine teutſchen, meiſt zum Druck bereiteten Schriften, wiſſen; ſo melden Sie es mir. Jch bin u. ſ. f.

Ew. ꝛc.

Berlin
den 20ſten Febr. 1784.

dienſtwilligſt-ergebenſter
D. Joh. Carl Conrad Oelrichs.

*) Sie ſtehet nun im 4ten Brieſe.

Zweytes

Zweytes Schreiben.

Von meinen eigenen teutschen Handschriften.

Da Ew. ꝛc. der Ihnen letzthin mitgetheilte Aufsatz von meinen meist zum Druck fertigen lateinischen Schriften angenehm gewesen, und Sie auch meine in teutscher Sprache größesten Theils schon zum Druck zubereitete Schriften zu wissen wünschen; so will ich Ihnen nun jetzt ein Verzeichniß derselben und nicht allein der fürnehmlich Pommern angehenden, schon sonst öffentlich versprochenen, *) sondern auch der andern in dieser Sprache, geben, ob ich schon sogleich nicht bestimmen kann, wie bald ich, wenn ein oder anderes Stück davon zum Abdruck verlanget würde, es dazu wegen meiner vielen Geschäfte, und auch wegen der schon seit einigen Jahren schuldigen Ausgabe des 2ten Theils des Chur-Brandenb. Medaillencabinets zur Regierung des Churf. Friderich Wilhelm des Großen, auszuhändigen im Stande seyn möchte. Indessen können doch schon solche vorläufige Anzeigen an und für sich Gelehrten und Buchhändlern nützlich werden, wenn sie dadurch erfahren, was bereits von andern be-

A 5   arbeitet

*) Man sehe meine Pommersche juristische Biblio-
thek am Ende.

arbeitet worden. Und so wie diese Bekannt=
machung zugleich darlegen wird, daß ich sowohl
während meines 21 jährigen juristischen Profes=
soramtes zu Stettin, als auch in meinem nach=
herigen hiesigem Privatleben und bey so vielen
andern, und zum Theil sehr wichtigen darzwi=
schen gekommenen praktischen Geschäften, nicht
müßig gewesen bin; so können dergleichen An=
zeigen hiernächst auch den Nutzen haben, daß
man zu unter Händen habenden Schriften Bey=
träge erwarten könne und endlich, daß man die,
nach dem Tode eines Gelehrten, annoch vorhan=
denen eigenen schriftlichen Ausarbeitungen nicht
mißbrauche und gleich wegwerfe, wie leyder!
oft zu geschehen pflegt, sondern von andern Pa=
pieren absondere, und jene, weil sie doch brauch=
bahr seyn können, erst von Verständigen unter=
suchen lasse und nach Befinden sorgfältig aufbe=
halte. Hier haben Sie das Verzeichniß meiner
eigenen, zur Zeit noch ungedruckten, mehren=
theils fertigen teutschen Schriften:

Zum Druck in Folio.

1) Pomerania et Rugia sigillis illustrata:
Oder das durch Siegel erläuterte Pommern
und Rügen, in sich enthaltend, der Herzoge
von Pommern und Fürsten zu Rügen, nicht we=
niger der Städte, Flecken, Geistlichen Stifter,
hohen Schulen, gelehrten Geselschaften, Lan=
descollegien — — öffentliche Siegel in diesen
Provinzen, von guten, größesten Theils mit den
Originalien sorgfältig verglichenen Zeichnungen,
in

in Kupfer gestochen und mit historisch ; critischen
Anmerkungen versehen.

Es ist dies das Werk, davon ich schon in
meinen Fortgesetzten historisch ; diploma;
tischen Beyträgen zur Geschichte der Ge;
lahrtheit in Pommern, a. d. 105 S. und
in meinen Historisch ; Geographischen
Nachrichten vom Herzogth. Pommern
und Fürstenth. Rügen, a. d. 108 S. Mel;
dung gethan habe.

2) Inuentarium chronologicum ducatus *Pomeraniae et principatus Rugiae* diplomatum alio-
rumque documentorum, ab a. IɔCCLXXXVI. ad a.
CIɔIɔCCXX. publici iuris factorum. Das ist:
Verzeichniß der bereits im Druck vorhandenen
Urkunden ꝛc. zur Historie des Herzogthums
Pommern und Fürstenthums Rügen; wor;
in Kayserl. Chur; und Fürstl. und anderer
Schenckungen, Lehn;Briefe, Priuilegia, Päbst;
liche Bullen, Bischöfliche Schreiben ꝛc. welche
die Stifter, Klöster, Kirchen, Synodos, hohe
und niedere Schulen, den Adel, das Lehnwesen,
die Städte, auch besonders darunter die Hansee;
Städte, Commercia, Dörfer, den Zustand der
Bauren ꝛc. dieser Lande angehen, nicht weniger
die Krieges ; Manifeste, Friedens ; Schlüsse,
Bündnisse, Vergleiche, und andere wichtige hie;
her gehörige öffentliche Briefe ꝛc. so viel deren
jetzo im Druck vorhanden, ihrem Haupt;Inhalte
nach, in einer richtigen Zeit;Ordnung vom
786ten bis zum 1720ten Jahre incl. und mit
Nachweisung, wo ein jedes Stück zu finden,
aufgeführt sind, verfertiget, und mit einem zum
nutzba;

nußbaren Gebrauche eingerichteten Register,
auch einer Einleitung, welche meine vermehrte
Nachricht von diplomatischen Betrügern in
der Pommerschen Historie, enthält, versehen.

Dieses sehr brauchbare und unentbehrliche
Werk, eine Arbeit von mehr, als 30 Jahren,
welche ich, mit großer Mühe und Geduld,
auch vielem Kosten=Aufwand, so weit zum
Stande gebracht habe, daß sie bey habender
Muße, binnen Jahr und Tag, ans Licht tre=
ten könnte, ist nach Art des sel. D. Pet.
Georgisch *Regestorum chronologico =diploma=
ticorum* und sel. Christ. Schöttgens *Inuenta=
rii diplomatici hiftoriae Saxoniae fuperior.* ein=
gerichtet, und wird höchstens 2 Alphabeth,
auf gespaltene Columnen gedruckt, stark wer=
den. Man möchte meynen, daß diese beyde
Werke mir bey meinem Inuentario sehr hätten
zu statten kommen können. Allein der Augen=
schein wird einen jeden lehren, daß das erstere
nur etwa 70=80, und das andere, ob es
gleich dem Titul nach ganz Ober=Sachsen,
nnd also auch Pommern, angehen sollte, gar
nur 3, Pommern betreffende gedruckte Urkun=
den anführet; dahingegen ich in meinem
Inuentario weit über 3000 dergleichen nach=
gewiesen habe; darzu ich mehr als tausend
Bücher nachgeschlagen, und viele davon mit
schweren Kosten selbst anschaffen, aus solchen
aber, so nicht käuflich, oder geliehen, zu er=
halten gewesen sind, durch einen kostbaren
Briefwechsel, Nachrichten einziehen müssen.

Zum

Zum Druck in Quarto.

3) Diplomatische Beyträge zur Erläuterung der alten teutschen Rechte und Gerichte, insbesondere der Pommerschen und der Geschichte dieser Provinz; welche auch als eine Fortsetzung der auserlesenen Sammlung glaubwürdiger Urkunden und Nachrichten, die zur Renntniß der Landes-Verfassung und Rechten des Herzogthums Vor- und Hinter-Pommern, wie auch des Fürstenthums Rügen gehören, angesehen werden können.

Turpe est in patria sua .peregrinum agere.

CASSIODORVS.

Diese Beyträge enthalten folgende ungedruckte Stücke:

I) Von des Herz. Swantibor III. Besitz vieler Städte und Güter in Franken.   II) Verbesserungen und Zusätze zu Christoph Herrmann von Schweder gedruckten Anmerkungen über die Hinter-Pommersche Lehns-*Constitution*. Aus dem Original des Verfassers nebst einem Anhange von XL neuen Documentis mitgetheilt. III) Urkundliche Geschichte des von dem Churf. Friedrich Wilhelm von Brandenb. zu Stolpe errichteten Schöppenstuhls, so jetzt zu Alten-Stettin und mit dem dasigen Prouincial-Criminal-Colleg. bey der Regierung verknüpft ist. IIII) Vom Pasewalckschen Schöppenstuhl und dortigem Rechte. V) Vier vermischte An-

Anmerkungen von besondern peinlichen Stra-
fen, und einer ehemaligen sehr harten Tortur
in Pommern: A) Von der Strafe des Leben-
digbegrabens, wegen eines Kinder-Mords,
an Gerdruth Borcken vollzogen. Aus ge-
richtlichen Actis.   B) Von' der Strafe der
Tonne, daraus vermuthlich hernach der Spa-
nische Mantel entstanden ist.   C) Von der
Strafe in Oel zu sieden. D) Von der Tortur,
die Pommersche Mütze oder Crantz genannt.
VI) Vom Kunkel-Lehen.   VII) Des Herzogl.
Pommersch. Geh. Cammer-Raths, Heinrich Schwiechell Deduction für Pommern, wider Mecklenburg, wegen des Sessions-
Streits auf Reichstägen, den Fürsten und
Ständen auf dem Reichstage zu Regenspurg
im 1613ten Jahre überreicht. Nebst einem
Vorbericht, worin das Leben dieses Mannes mitgetheilet wird.   VIII) Von alten Gerichten zu Colberg und dem dortigem Rechte.
Desgl. Willkühr von der Raths-Wahl daselbst
vom 1364. und 1452ten Jahre. Aus einer
alten Handschrift.   VIIII) Büthener-Recht
im Lande Lauenburg und Bütow. Nebst
einem Vorbericht. X) Zwey merckwürdige
Protocolla vom 16. und 17. Aug. 1620. welche der zu Alten-Stettin in selbigem Jahre
wegen Zauberey mit dem Schwerd gerichte-
ten und hernach verbrannten geistl. Kloster-
Fräulein in Marienfließ, Sidonia von
Borck, Urgicht und Todes-Urtheil enthalten.
Aus einer alten Handschrift. XI) Verhandlung wegen des Ranges des Decani capituli
Colbergensis. XII) Der Vieh-Hirten Hänse
A) zu

A) zu Maſſow, B) zu Saßig, und C) zu Stargard Priuilegia vom 1654ſten J. XIII) Alte und neue ſtatuta und andere Documenta von der Sülße zu Colberg vom 1302. 1587. 1590. 1604. 1614. 1633. 1642. 1660. und 1679. J. Nebſt einem hiſtoriſch. Vorbericht von andern Salß-Quellen in Pommern, und insbeſondere von dem Urſprunge, der Lage und Güte der Colbergiſchen. XIIII) Erwieſene Geſchichte des H. R. Reichs Erß-Jägermeiſter-Amts bey dem Herßogthum Pommern. XV) Diplomatiſche Geſchichte der Münß-Gerechtigkeit der Pommerſchen Städte. XVI) Von der nicht ſeltenen, auch Pommerſchen Lehns-Recognition durch ein paar Hoſen. XVII) Vom Hutgelde in Pommern bey Belehnungen, oder vielmehr Einweiſung in ein ſchon ertheiltes Lehn. XVIII) Alb. Georg von Schwarß Fragmentam, von der Bekehrung der Pommern und Rügianer zum Chriſtenthum. XVIIII) Zuverläßiges Verzeichniß der Schloßgeſeſſenen von Adel im Herßogthum Pommern Stettiniſchen Orts, wie ſie ſelbſt auf der Landes-Huldigung Anno 1601. zu Alten-Stettin ſich angeſaget. Nebſt einem Verzeichniß der adelichen Geſchlechter in Pommern und Rügen, auf welche Gedächtniß-Schriften im Druck vorhanden ſind. XX) Verhandlung wegen der Schloßgeſeſſenen in Pommern Vorzüge und ihres Ranges. XXI) Urkundlicher Erweis der Lehns-Verbindungen des Herßogthums Pommern mit dem Chur-Hauſe Brandenburg.
XXII)

XXII) Auszug aus Sam. Elardi, *Praepos.* zu
Gollnow, historischem Sinnspruch:

Recht fromm
Ohne Pharisäer Ruhm,
Ein gut Christenthum.

Vom Pommersch. *Pietismo*, mit Anmerkun=
gen erläutert. XXIII) Register der merkwür=
digsten Sachen, so in Dan. Crameri groß.
Pommersch. Kirchen=Chronicke (Stettin
1628. fol.) enthalten sind. *) Nebst einigen
Anmerkungen und Verbesserungen zu dieser
Chronik von J. C. Schumann. XXIIII) Von
der reformirten Hof=Prediger in Pommern
Rang von den J. 1668, 1677, u. 1721, und daß
die Reformirten an den Orten, wo sie keine Pre=
diger ihrer Confession haben, von den iuribus
stolae bey Beerdigung ihrer Todten eximirt seyn
sollen. 1742. it. des Churf. von Brandenburg
Frid. Wilhelmi Fundatio simultanei in der
Augustiner=Kirche zu Stargard zwischen den
Reformirten und Lutheranern. 1682. XXV)
Historische Nachricht von der Pommerschen
Statthalterschaft, Regierungs=Praesidentur,
Schloß= und Amts=Hauptmannschaften, Land=
Voigteyen und Burg=Gerichten. Nebst der
Burg=

---

*) Die berühmten Verfass. der Hamburgischen Bi=
bliothecae historicae, Cent. IV. a. d. 141sten S.
haben schon längst über dieses Werk, eine der besten
Chroniken, ein umständliches Register zu haben ge=
wünscht; da sie am Ende ihrer Recension derselben
schreiben: Nur tausendmahl Schade ist es,
daß sich niemand die Mühe genommen hat, ei=
nen indicem über dieses mit so vielerley Ma=
terie angefülltes Buch zu machen.

Burggerichts-Ordnung zu Pyritz. Publ. das-
selbst auf dem Rathhause den 13. Jun. 1601,
und 3 Rescripten, daß die von Adel und Burg-
gesessene, in Bestätigung und Einführung der
Magistratspersonen in ihren Gerichten in den
Mediat-Städten, nicht beeinträchtiget werden sollen, vom 1738, 1753, und 1760 J.
XXVI) Der zu Stockholm zwischen Schweden und Brandenb. den 22sten Dec. 1698
wegen Pommern errichtete sehr wichtige und
seltene Grenzreceß. Nebst einem dazu gehörigen Protocoll. Act. Berlin den 30 Merz 1699
und dem darauf erfolgtem Nebenreceß. d. d.
Berlin den 31sten Merz 1699. XXVII) Be-
schreyung oder Bestellung des Gerichts über
einen gefundenen Entleibten, da beydes, des
Entleibten und des Thäters Namen unbe-
kannt. XXVIII) Historisch. Diplomatische
Nachricht von dem vormaligen Reichs-Gräf-
lichen Geschlechte der von Dewiz in
Meklenburg und Pommern, insbesondere
von der Entstehung und Einziehung dieser
Würde. XXIX) Gutachten, die Oresund-
sche Zollfreyheit der Pommerschen Städte
betreffend, welches ich auf Verlangen des
vormaligen Königl. Preuß. Geh. Staats-
Krieges- und Finanz-Ministers, Freyh.
von der Horst, Excell. ertheilt habe.
XXX) Des Obersten von Mardefeld Grenz-
Relation von Pommern und Meklenburg
und theils der Ukermark. 1650. XXXI)
Extracte aus Churfürstl. Brand. und Herzogl.
Pommersch. annoch ungedruckten Verträgen
und anderen dazu gehörigen Rescriptis, den

B   Punct

Punct de ciuib. Marchicis et Pomeranicis non
arreſtandis betreffend, von den Jahren 1551,
1563, 1566, 1612, 1621, 1689, und
1696. XXXII) Kurzer ſummatiſcher Bericht,
wie und woher ſich die Kriege zwiſchen den
Märkern und Pommern entſponnen, und wie
von Pommern an Brandenburg die Succeſ=
ſion verſichert worden. (Bis an die Zeit des
30jährigen Krieges). XXXIII) Von der un=
glücklichen Heyrath des Herz. Vogislav X
von Pommern mit des Churf. von Brandenb.
Friedrich II. Prinzeßin Tochter Margaretha.
Nebſt dem lateiniſchen Notariats=Inſtrument
des, wegen Räubereyen, verdächtig gewor=
denen und enthaupteten Simon von Lode,
für gedachten Herzog, um die Prinzeßin eines
Ehebruchs zu bezüchtigen und dadurch darzu=
thun, daß der Herzog deren Mitgabe, die von
Märkiſcher Seite zurück gefordert worden,
als der unſchuldige Theil, nicht wieder zurück=
geben dürfe. 1498. XXXIV) Nachleſe von
24 annoch ungedruckten, auch in dem ganzen
von Dregerſchen Codice dipl. Pomeraniae
vicinarumque terrarum, ſowohl in dem ge=
druckten 1ſten B. als in allen übrigen noch
ungedruckten Bänden nicht vorkommenden
Urkunden, welche öffentliche Handlungen
zwiſchen dem Churh. Brandenb. und den Her=
zogen v. Pommern von den Jahren 1236 bis
an das Ende der Herzogl. Regierung in ſich
enthalten. Nebſt einem Verzeichniß aller
Brandenburg=Pommerſchen im 2ten und
folg. Bänden des annoch ungedruckten von
Dregerſchen Codicis dipl. Pom. vorkommen=

den

den Urkunden. XXXV) Authentische Nach=
weisung, mit welchem Rechte die Pr. Pom=
merschen Städte bewidmet sind. Aus den
Bewidmungsbriefen selbst, mittelst Anfüh=
rung der gedruckten und Beyfügung der un=
gedruckten, aus Originalien oder archivischen
Copeyen. XXXVI) Nach den Landesgesetzen
von mir ausgefertigtes Responsum -über die
Frage: ob in Pr. Pommern die Testamenta
nur a Notario und 3 Zeugen, wenn es nicht
holographa, diese aber nur mit 2 Zeugen, und
Codicilli auf gleiche Art, aufgenommen wer=
den dürfen? welche bejahend erwiesen wor=
den. 1772. XXXVII) Mein rechtliches Gut=
achten über die Frage: Ob eine Wittwe, wel=
che zu Stargard im H. Pommern, nach Lüb=
schem Rechte in communione bonorum totali
mit ihrem unmündigen Kinde verblieben;
auch daher, von der, durante ea, demselben
von seiner Elter=Mutter väterlicher Seits,
zugefallenen Erbschaft, die Helfte begehren,
oder aber, ob das Kind diese ganze Erbschaft,
non obstante ea communione, gänzlich und
allein pleno iure fordern könne? XXXVIII)
Urkundliche und Actenmäßige Anzeige von der
Zollfreyheit des Vor=Pommerschen Adels und
der dortigen Beamten, in Vor= und Hinter=
Pommern, auch in der Chur= und Neu=Mark,
und der Hinter=Pommerschen von Adel und
Beamten in der Neu=Mark; desgleichen der
Chur= und Neu=Märkschen von Adel und Be=
amten reciproquen Zoll=Freyheit. XXXIX)
Historisch=geographische Nachricht dererjeni=
gen Städte, Flecken, Schlösser, Klöster und

Dörfer,

Dörfer, welche vormahls in Pommern gebauet und angeleget worden, nachher aber, theils durch Krieg, Feuer, Wasser, theils durch andere Unfälle, wieder untergegangen. Aus geschriebenen und gedruckten Pommerschen und anderen Scribenten, auch sicheren Urkunden, in alphabetischer Ordnung, ihren Namen nach, zusammen getragen und nachgewiesen. XL) Untersuchung der verschiedenen Meynungen über die Frage: Woher es komme, daß die Crone Schweden noch nach dem Stockholmer Frieden, einen Prälaten-Stand im Königl. Schwedisch-Pommern, in Landes-Verordnungen ausdrücklich nennet, (wodurch auch die dortigen Gelehrten in Titulaturen also immerfort schreiben;) da doch niemahls ein Prälaten-Stand im Schwedisch-Pommern gewesen, noch jetzt ist, und dies vom ehemaligen Bißthum Cammin ohnmöglich hergeleitet, noch sonst auf irgend eine andere Art begründet werden kann. XLI) Uns-vorgreifliche Gedanken von dem Pommerschen Adel und desselben Ursprung, ob er Teutsch oder Wendisch, und wenn er ja nach etlichen Geschlechtern Wendisch, ob der Wendische Adel geringer als der Teutsche zu achten? von Georg Carl Schröder Lyc. Colberg. Conrect. Mit meinen Anmerkungen und Zusätzen. XLII) Mich. Frid. Quade Historischer Bericht von dem uralten berühmten hochadelichem Geschlecht der Herren von Grumckow, worin von dem Ursprung und Alterthum, den vornehmsten Personen, besonderen Vorrechten oder Vorzügen dieses Geschlechts

schlechts gehandelt wird. Zur Erläuterung der beygefügten, sowohl Stamm= als Ahnen= Tafel, aus den vorhandenen alten Urkunden und andern authentischen Documenten abge= fasset. Mit meinen Zusätzen.

Da dieses Werk einige Alphabeth stark werden möchte; so könnte es Theilweise, auch wohl ein und anderes Stück der grös= seren Abhandlungen, als Num. II, III, XIV, XV, XXII, XXIII, XXVIII, XXXIV, XXXV, XXXIX daraus besonders zum Druck mit= getheilet werden.

4) Diplomatische Beyträge zum Rechtswe= sen der Stadt Alten=Stettin, worin derselben bisher ungedruckt gewesene Priuilegia, Statuta und Ordnungen, auch der daselbst vorhandenen geistlichen Stifter Fundationes, Dotationes, Pri- uilegia und Satzungen enthalten. Als ein Cor- pus iuris Stetinensis anzusehen.

NON PROXIMA SEMPER NOTA MAGIS.

Dieses Werk wird, ausser einem sehr wich= tigen und brauchbaren, auch in diesem Be= tracht vollständigen Diplomatario particulari Palaeo - Stetinensi, insbesondere das Stetti= nische Recht wegen der Erbfolge, wenn kein Testament vorhanden ist, erläutern, und so= wohl dasjenige, so vom Sibrand übergan= gen worden, als auch eine umständliche und mit sehr vielen von E. E. Rath dieser Stadt, bis auf die heutigen Zeiten, gegebenen De- clarationibus versehene Nachricht vom Stetti= nischen Heergewette und der Gerade mit=

B 3 theilen,

theilen, nicht weniger auch das wichtige
Rathhäusliche Reglement vom 1723ſten Jahr
re, und der St. Marien-Stifts-Kirchen- und
Herren-Freyheit Gerechtigkeiten, wie auch
der daſigen Franzöſiſchen Colonie beſondere
Freyheiten, und andere dergleichen durch den
Druck noch nicht gemein gemachte Satzungen
enthalten; überhaupt aber in lauter ungedruckten Nachrichten, der Stadt Gerechtſa-
men, und derſelben innere Verfaſſung in
Rechts-Kirchen-Commerz- und Policey-Sa-
chen darlegen. Dergleichen höchſtnöthiges
Werk zwar ſchon längſt von ſehr vielen ge-
wünſchet, aber noch nicht zum Stande gebracht worden. Es wird ohngeſehr 4 Alph.
ſtark werden.

Durch Hülfe meines Inuentarii chronologico - diplomatici Pomeraniae kann ich deſto
zuverläßiger verſichern, daß ſowohl in dem
vorgedachten Diplomatario Pomeranico vni-
uerſali, als in dieſem Diplomatario particulari
Palaeo-Stetinenſi und allen meinen diplomatiſchen Abhandlungen ſich ſchwerlich eine Urkunde finden werde, die als ungedruckt von mir
angegeben worden und ſonſt ſchon gedruckt
vorhanden ſey.

5) Fortgeſeztes erläutertes Chur-Bran-
denburgiſches Medaillencabinet, nach rich-
tig in Kupfer, von lauter Originalien, abgebil-
deten, beſchriebenen und in chronologiſcher Ordnung, größeſten Theils aus archiviſchen Nachrichten, hiſtoriſch erklärten Gedächtnißmünzen.
Zur Geſchichte des Churf. Friederich Wilhelm
des

; des Großen. Nebst einem Grundriß zu einer besonderen, noch nicht vorhandenen Geschichte
der großen Thatsachen dieses Churfürsten zu
Friedenszeiten.

Zum Druck in Octavo.

6) Entwurf einer Bibliothek von gedruckten
und ungedruckten Schriften zur Pommerschen
Kirchen-Geschichte. Mit Historisch-Critischen
Anmerkungen.

7) Entwurf einer Bibliothek von gedruckten
und ungedruckten Schriften zur Pommerschen
politischen Geschichte. Mit Historisch-Critischen Anmerkungen.

8) Entwurf einer Bibliothek von gedruckten
und ungedruckten genealogischen und dahin
gehörigen Schriften, von allen Gräflichen, Frey-
herrl. und adelichen Geschlechtern des Herzogth.
Pommern nnd Fürstenth. Rügen. Mit Historisch-Critischen Anmerkungen.

Dies sind die 3 noch rückständigen Theile
von meiner in Pommern Stückweise heraus-
gegebenen allgemeinen Pommerschen Bibliothek, deren Vollendung theils durch meinen Abzug aus dieser Provinz 1773, theils
aus andern in der Vorrede zu meinem Entwurf einer Pommersch. vermischten Bibliothek — angezeigten Ursachen, bis hieher
nicht geschehen ist, aber zum öfteren von mir
verlanget worden. Daher ich auch nun, so
bald ich nur so weit kommen kann, diese 3

Theile

Theile annoch auszuarbeiten gedenke; worzu
die erforderlichen Materialien und größesten
Theils die Schriften selbst, längst in meinen
Händen sind, die wenigen aber, so mir abge-
hen, vormahls zum Gebrauch gehabt, und
das nöthige mir daraus gemerket habe.

* * *

9) Hrn. Joh. von Castillon — — akade-
mische Vorlesung über das, von einem geschick-
ten Mann zu Berlin, erfundene, sehr curieuse
und kunstreiche Uhrwerk, mit einer von selbst
sich bewegenden Erdkugel, welche die Stunde,
den Tag, Monath und alle Bewegungen der
Erde zeiget, Mit Kupfern. Aus dem Französ-
sischen übersetzt und von (mir) dem jetzigen Be-
sitzer dieses Kunstwerks, mit einer Historisch-
Critischen Vorrede versehen.

10) Historisch-Critische Nachricht von einem
alten und kostbaren lateinischen Codex der ganzen Bibel, größesten Theils nach der Vulgata,
auf dem allerfeinsten Pergament und mit den
saubersten ausgemalten Figuren im kleinen
Octavformat, welcher sich in meiner Bibliothek
befindet.

11) Joh. Adam Bernhards Curieuse Historie der Gelehrten. Mehr, als noch einmahl
so stark vermehrt.

12) Etwas von dem ehemaligen Pfälzischen
Geckengericht und anderen alten närrischen
Gerichten über Menschen und Thiere. Auch
von

von den vormahligen öffentlichen Narrenfesten und Narrengesellschaften kluger und zum Theil angesehener Persohnen.

13) Mein Briefwechsel mit dem berühmten ehemal. Königl. Hofprediger hieselbst, Christ. Scholtz über die Coptische (oder, welches einerley, Aegyptische) Litteratur und Sprache, und Coptische Handschriften in der Königl. Bibliothek zu Berlin. 1753 — 1756.

14) Meine historische Nachricht von den akademischen Würden in der Musik und öffentlichen musikalischen Akademien und Gesellschaften. Stark vermehrt.

15) Meine Geschichte der Königl. Bibliothek zu Berlin. Mehr, als noch einmahl so stark, vermehrt.

Da ich zum öftern von auswärtigen Freunden befraget worden bin, ob dieses, oder jenes rare Buch auf der Königl. Bibliothek hieselbst sey, und ich vormahls, als man noch dort den freyen Gebrauch der Catalogorum haben und solche selbst nachschlagen konnte, diese Art Bücher darin aufgesucht und in meinem Hand-Exemplar des Vogtschen Catal. libror. rarior. vom 1747sten J. angemerket; so will ich solche bey dieser Gelegenheit, nach dessen alphabetischer Ordnung, hier anzeigen; wodurch manchem, der ein wichtiges rares Stück lange gesuchet, ein Gefallen geschehen wird, wenn er nun ohne Umständen und ohne die Herren Bibliothekarien beunruhigen zu dürfen, von vielen dergleichen

B 5   gleichen

gleichen Büchern erfahren kann, wo sie anzus treffen sind. Jedoch schien mir, als ich diesen Auszug machte, wahrgenommen zu haben, daß mein Freund, welcher mir bey dem gedachten Aufsuchen geholfen, *) verschiedene solche Büs cher, die, so viel ich mich nach so vielen Jahren noch besinnen kann, wirklich da sind, übergans gen haben müsse. Die ehedessen bemerkten sind folgende:

A.

A. d. 2 Seite Nicolai *Abrami* Pharus
= 4 = Valent. *Acidalii* Epist.
= 5 = *Acta* apostolorum
= 6 = *Acta* sanctorum
= 11 = *Aeliani* variae Historiae
= — = *Aeneae* Syluii sen. — Opera
= 12 = Scipionis *Agnelli* Disceptatione=
= 13 = Lionardo *Agostino* Gemme
= — = Christoph. *Agricolae* Anti-Pistorius
= — = Ejusd. Anti-Pistorianum propugna-
culum

A. d.

*) Es war der gelehrte ehemalige reformirte Predis ger an der Werders und Neustädtschen Kirche zu Berlin, Melch. Lud. Widekind, welcher mit der Ausgabe eines Auszugs aus dem allzu weitläuftig angefangenen und dadurch sehr kostbahr gewordes nen Clementschen Werk von raren Büchern, 1753 den Anfang gemacht; davon aber bis 1755 nur 4 St. in gr. 8vo, welche im Buchstaben B mit den Bibeln aufhören, durch seinen frühzeitigen Tod, im Druck erschienen sind. In diesen hatte er zus gleich alle im gedachten bekannten Clementschen Werk angeführte, auch andere mehrere solche von Clement übergangene Bücher, und rare verschies dene Ausgaben, die in der hiesigen Königl. Biblios thek vorhanden waren, besonders dabey bemerket.

𝔄. b.

        A. b.

30

A. b.

—————

A. b.

C   A. b.

A. b.

A. b.

C 3 A. b.

38

A. d.

A. b.

A. b. 380 Celte Cornel. *Kiliani* Etymologic. teu-
ton. ling.

= 381 = Athan. *Kircheri* Oedipus Aegypt.

= 382 = Conr. *Kircheri* Concordant. Vet.
Teſt.

= 384 = Alb. Wünk *Kojalowicz* Hiſt. Li-
thuan.

= 386 = Holof. *Krigſoederi* Reſponſio

= 388 = Guil, *Kyriandri* Aug. Treuixor.
Annales

L

= 390 = Phil. *Labbe* de ſcriptor. eccleſia-
ſtic.

= 391 = Io. *de Laet* Nouus orbis

= 392 = Pet. *Lambecius* de biblioth. Vin-
dobon.

= — = Franc. *Lamberti* ſcripta

= 393 = — — in apocalypſin.

= — = — — in euangel. Lucae

= — = Hippol. *a Lapide* Diſſ. de ratione
ſtatus. 1640. 4.

= — = Io. *Laſitii* Hiſtoria fratrum Bohe-
micor.

= 397 = — — de Ruſſorum —
religione

= 399 = *Latitudinarius* orthodoxus

= 400 = Io. *Launoji* ſcripta

= 403 = Ad *Legem* et teſtimonium — —
oppoſit. libellus Io. Hoornbeck

= 406 = *Leone* Medico Dialogi de amore

= 407 = Gregor. *Leti* Theatr. Britannic.
Amſt. 1684

A. b.

A. b.

A. d.

A. b.

48

D

========= -

A. b.

52

D 3 A. b.

A. b. 698 Seite Iul. Caef. *Vanini* de admirandis
naturae

= — = — — — Amphitheatr.
aeternae prouid.

= 700 = Bened. *Varchii* l' Hercolano

= 701 = Cafp. *Varerii* Cenfura in quend.
auctor.

= 702 = Georg. *Vafari* le Vite dei excellenti pittori.

= — = Anton. *Vafconcelli* Anacephalaeofis Lufitan.

= 703 = Mich. le *Vaffor* Hiftoire de Louis
XIII

= 704 = Hieron. *Vecchietti* Opus de anno
primitiuo

= 705 = Franc. Georg. *Veneti* de harmonia mundi

= 706 = Pet. Pauli *Vergerii* fcripta

= 707 = Mich. *Vexionii* Epitome defcript.
Sueciae

= 708 = Iofephi *Vicecomitis* Obferuat. de
ritibus bapt.

= — = Pet. *Victorii* Comment. in Ari-
ftotel.

= 709 = — — — in Demetr.
Phalereum.

= — = Hieron. *Vignier* Origine des mai-
fons d' Alface

= 710 = Giouann. Pietro Giacomo *Villani*
la vifiera Alzata

= — = Giouanni *Villani* Htoria nuovamente

= 711 = Arn. de *Villanoua* Speculum al-
chym.

D 4.   A. b.

A. b.

A. b. 729 Seite Io. Wolfii Lectiones memorabil
  — Ant. *Wood* Antiq. vniu. Oxo-
  nienf.

Z

= 733 = Steph. *Zamofci* Analecta lapid.
      vet.
= 734 = Eutymi monachi *Zigaboni* Com-
      ment. in Pfalmos e Graeco in
      lat. conuerf.

Zuverläßige Hiſtoriſch = Geographiſche Nach=
richten vom Herzogth. Pommern und Für=
ſtenthum Rügen, welche ein Hiſtoriſch=Criti=
ſches Verzeichniß aller dieſe Länder angehen=
den geographiſchen Schriften, auch Lands=
und fürnehmſten See=Charten, insbeſondere
aber eine ausführliche Geſchichte und Beſchrei=
bung der Lubiniſchen außerordentlich groſ=
ſen und gar merkwürdigen Landcharte von
Pommern in ſich enthält. (Berlin 1771)
Mit vielen Zuſätzen, auch einem Alpha=
betiſch=Topographiſchen Verzeichniß der,
von den Städten, Flecken, Schlöſſern,
Kirchen und andern öffentlichen Gebäu=
den, Kunſtwerken ꝛc. im ganzen Herzog=
thum Pommern, vorhandenen Kupfer=
ſtiche und Zeichnungen, vermehrt.

Auch alle meine übrige gedruckte, ſo lateini=
ſche als teutſche Schriften, haben ſtarke Zuſätze
erhalten.

D 5   Um=

Umständlicher habe ich bey der Anzeige dieser meiner, größeften Theils ganz neuen, theils zwar schon gedruckten, aber doch zu neuen vermehrten Ausgaben bearbeiteten, teutschen Schriften, wegen Mangels der Zeit nicht seyn können. Aus gleichen Ursachen kann ich Ihnen auch jetzt gleich nicht die noch unbeftimmt bey mir vorhandenen Handschriften von verschiedenen Gelehrten (außer den alten ungedruckten Pommerschen und Märckschen Chroniken und großen Pommerschen ungedruckten Urkunden und Landtagsabschiede-Sammlungen, welches alles hier mit anzuführen, zu weitläuftig seyn würde,) nahmhaft machen; worunter sonft wohl einige erhebliche und des Drucks nicht unwürdige Stücke sind. So bald ich aber nur etwas Muße dazu erhalte, will ich auch diesen Ihren Wunsch erfüllen. Ich bin u. s. f.

Berlin
den 9ten April 1784.

Drittes

Drittes Schreiben.

Von fremden ungedruckten Handschriften, in verschiedenen Sprachen, in meiner Biblio‐ thek, nach ihrem Format.

Hier haben Ew. ꝛc. nun auch eine besondere Anzeige von den, meines Wissens, noch unge‐ druckten Handschriften verschiedener Gelehrten in meiner Bibliothek, außer den alten Märck‐ schen und Pommerschen Chroniken und meinen Urkundensammlungen, die ich, wie ich schon letzt gedacht, übergehe, da dies eine eigene Schrift erfordern würde.

In Folio.

1) *Ewald Frid. de Hertzberg* Ius publicum Borusso ‐ Brandenburgic. Ex autographo de‐ scriptum.

2) Suecia libera: Das freye Schweden, als ein Monarchisches, aber limitirtes, anfänglich Wahl‐ folgends Erb‐ nunmehro wiederum seit 1719 Wahl‐Königreich. Mit Anmerkungen aus der Historie und Politik — in teutscher Sprache beschrieben von einem gebohrnen Schweden. 1725.
Ein starkes aus 15 Cap. bestehendes Werk, deren Inhalt aus meiner Vorr. zum Quade‐ schen Catal. *de bibliotheca Neptuni*, welche auch

auch 1760 besonders abgedruckt worden, d. S.
33 u. folg. S. ersehen werden kann.   Der
Verfasser ist der berühmte ehemal. Schwedi-
sche Regierungskanzler zu Stettin, Magnus
von Lagerström, dessen andere Handschriften zugleich dort Not. 55 angezeigt sind. Einige Stücke in app. documentorum hat Herr
Prof. Dähnert zu Greifswalde bereits seiner
Ausgabe der Grundgesetze des Schwedischen Reichs in den dazu gehörigen *Actis
publicis* Rost. und Greifsw. 1759—1760.
gr. 8. beygefügt.   Bey obiger Handschrift
liegt auch noch eine andere kleine: Eylferti-
ger Entwurf aus den Schwedischen
Reichsgrundgesetzen und den Münster-
schen Friedensschluß über die Succes-
sionsfolge bey dem Absterben Sr. Kön.
May. in Schweden *Caroli XII.* Im Mon.
Januar 1719. in 4to 4 Bog. worin fürnehmlich des Herzogl. Hollsteinisch. Hauses
Vorrecht auf die Krone Schweden gezeiget
wird.   Dieser Verfass. ist mir nicht bekannt.
Ferner liegt dabey ein halber Bogen: Novum
solutionis modum a se primo inuentum *Christianus Ravius* in tres leges regni nouas diui-
dit, quarum duae priores sunt in praxi Sueciae, altera plane noua numquam habuit radi-
cem in Suecia.   Es betrift dieses Blatt die
Schwedischen Gesetze in Erhandlung liegen-
der Gründe und Landgüter.

   3). Des Schwedischen Feldmarschalls und
Generalgouverneurs Niels Bielcken Anklage,
so von Ihro Königl. May. Fiscal 1690 den 31
Oct. geschah.

                              4) Chri-

4) **Chriſtoph Herm.** Schwebers Eigen⸗
händige Zuſätze zu ſeinem Theatro praetenſion.
illuſtrium. 1712.

Sie ſind bey der 2ten Glafeyſchen Ausga⸗
be nicht gebraucht worden, würden aber bey
einer anderweitigen ſehr nutzbahr ſeyn kön⸗
nen. Von dem berühmten Verfaſſ. ſehe man
meine *Memoriam Quadeanam*, a. d. 20 S.
Not. 16.

5) Summarius legum et ſupremorum iudi-
ciorum per Europam recenſus.

Quis auctor huius Tract. bonae frugis mul-
taeque lectionis? non liquet. Exſtabat in Catal. biblioth. *Franc. Henr. Reimers*, regis M.
Brit. et elect. Brunſuic. et Luneburg. conſil.-
aulici et iudicio archiuoque Cellenſi praefecti.
Poſſeſſorem ipſum, eius auctorem non fuiſſe,
inde mihi quidem conſtare videtur, quod ano-
nymo ibi tribuitur. Auctor tamen, quisquis
ſit, p. 11 *Ioach. Lud. Reimerum*, patruelem
ſuum vocat.

6) LXX Arcana magica.

7) Itinerarium oder Reiſebuch d. i. Beſchrei⸗
bung der Reiſe, welche der Wohleble, Geſtrenge
vnd Ehrenfeſte Herr Ludwig Rauter ſeel.
Weyland Marggräfiſch. Brandenburgiſch. gewe⸗
ſener Landhofmeiſter im Herzogth. Preußen, nach
Jeruſalem vnd anderen Oertern gethan hat,
wie er an, 1567 den 29 Octob. von Soldaid,
Mlava aus Preußen abgereiſet vnd an. 1571 den
20 Jul. zu Preußmarck in Preußen wiederum
glücklich angekommen, nachdem er 4 Jahr vnd
8 Mo⸗

8 Monath auf der Reise zubracht vnd außgewesen, vnd in allem verzehret ,vnd expomiret 3000 Fl. Pohlnisch. Von Sr. Wohledl. Ges strengen vnd Excellenz, alles mit Fleiß observiret vnd aufgezeichnet, schriftlichen hinterlassen.

Meine Handschrift ist nur ein Fragment dieser Reisebeschreibung, so allein den Türkschen Staat und die Reise von da nach Jerusalem zum Heil. Grabe, (wo unter den noch eben daselbst angekommenen Pilgrims, 2 Schlesier, Georg Zedlitz und Hans Reckwitz genannt werden) und nach Betlehem bis zum 20 Oct. 1568 in sich begreift.

8) Unvorgreifliche Gedanken das ius primariar. precum Sr. Königl. May. in Preußen teutschen Reichslande betreffend, sonderlich ob und in wie weit es dem Kayser zustehe? und von dem Unterschied dieses Rechts von Panisbriefen.

9) Anonymi (forte *Io. Frid. Crameri* ob adscriptum ipsivs *iudicium*) Historia electorum Brandenburgicor. a Friderico I vsque ad Georgium Wilhelmum incl. 2) *Io. Frid. Crameri* iudicium de opere Pufendorffiano, quod de rebus gestis Frid. Wilh. M. conscripsit.

Posterius dudum impressum exstat in Suppl. ad commentat. meam de *Historiographis Bran. denburg.* p. 53 seqq. Est etiam inter MSCta mea fragmentum accuratae vitae *Georg. Wilhelmi*, elect. Brandenb., nostra aetate, a viro, apud nos, perillustri, omnium sermone celebratissimo, ex actis secretioris archiui Berol.

con-

conſcriptae: dolendum vero, opus tam bene coeptum ad menſ. April. a. 1620 tantum eſſe perductum.

10) Varia Acta Oldenburgenſia.

Ein Handbreit ſtarker Foliant.

11) Ciuitatis Oldenburg. Statuta, Priuilegia, Grauamina, Oldenburgſcher Räthe Gutachten.

12) Annotationes ad *Eraſmi* Epiſtolarum librum IIdum.

13) Opus *Rudbeckianum* ſine rubro, cuius argumenta *capitum* haec ſunt: I) de conſenſu ſacri Codicis et ſcriptorum profanorum in rebus vltimae antiquitatis p. 1 — 104. II) non exſtat. III) de rebus ad A. M. 1800 pertinentibus, p. 104—255. IV) de iis, quae Nachori, Tarachi atque Manni, et, quae proxima ſequebatur aetate, ad A. M. illuſtriora habentur; p. 255 ad fin. pagg. 420.

14) (Chriſt. Maximil. Spenero) Heerholsbiſch-hiſtoriſcher Entwurf von dem Urſprung der in dem großen Königl. Preuß. Schilde enthaltenen Waapen.

15) Leben und Thaten Churf. *Iohann* zu Brandenb. Cicero zugenannt. (Vermuthlich von dem Königl. Preuß. Geſchichtſchreiber Jacob Paul Freyh. von Gundling.)

16) Clauis, oder Genealogiſcher Schlüſſel zu der Marggräfl. Brandenb. Tabelle, ausgefertiget von *Ian. Abrah. a Gehema*, Eq. et indigena Polon. Königl. Preuß. Fiſcal des Armes 1707.

17) La

46

P

A. b.

A. b.

𝔇

𝕬. 𝖉.

D 2 A. b.

52

A. d.

D 3   A. b.

A. b. 698 Seite Iul. Caef. *Vanini* de admirandis naturae

= — = — — — Amphitheatr. aeternae prouid.

= 700 = Bened. *Varchii* l' Hercolano

= 701 = Cafp. *Varerii* Cenfura in quend. auctor.

= 702 = Georg. *Vafari* le Vite dei excellenti pittori

= — = Anton. *Vafconcelli* Anacephalaeofis Lufitan.

= 703 = Mich. le *Vaſſor* Hiſtoire de Louis XIII

= 704 = Hieron. *Vecchietti* Opus de anno primitiuo

= 705 = Franc. Georg. *Veneri* de harmonia mundi

= 706 = Pet. Pauli *Vergerii* ſcripta

= 707 = Mich. *Vexionii* Epitome deſcript. Sueciae

= 708 = Ioſephi *Vicecomitis* Obſeruat. de ritibus bapt.

= — = Pet. *Victorii* Comment. in Ariſtotel.

= 709 = — — — in Demetr. Phalereum.

= — = Hieron. *Vignier* Origine des maiſons d' Alſace

= 710 = Giouann. Pietro Giacomo *Villani* la viſiera Alzata

= — = Giouanni *Villani* Iſtoria nuovamente

= 711 = Arn. de *Villanoua* Speculum alchyin.

D 4.　　　A. b.

A. b.

A. d. 729 Seite Io. Wolfi Lectiones memorabil.
: — : Ant. *Wood* Antiq. vniu. Oxo-
niens.

Z

: 733 : Steph. *Zamosci* Analecta lapid.
vet.

: 734 : Eutymi monachi *Zigaboni* Comment. in Psalmos e Graeco in
lat. conuers.

Zuverläßige Historisch = Geographische Nach=
richten vom Herzogth. Pommern und Für=
stenthum Rügen, welche ein Historisch=Criti=
sches Verzeichniß aller diese Länder angehen=
den geographischen Schriften, auch Land=
und fürnehmsten See=Charten, insbesondere
aber eine ausführliche Geschichte und Beschrei=
bung der Lubinischen außerordentlich gros=
sen und gar merkwürdigen Landcharte von
Pommern in sich enthält. (Berlin 1771)
Mit vielen Zusätzen, auch einem Alpha=
betisch=Topographischen Verzeichniß der,
von den Städten, Flecken, Schlössern,
Kirchen und andern öffentlichen Gebäu=
den, Kunstwerken zc. im ganzen Herzog=
thum Pommern, vorhandenen Kupfer=
stiche und Zeichnungen, vermehrt.

Auch alle meine übrige gedruckte, so lateini=
sche als teutsche Schriften, haben starke Zusätze
erhalten.

Um=

Umständlicher habe ich bey der Anzeige dieser meiner, größesten Theils ganz neuen, theils zwar schon gedruckten, aber doch zu neuen vermehrten Ausgaben bearbeiteten, teutschen Schriften, wegen Mangels der Zeit nicht seyn können. Aus gleichen Ursachen kann ich Ihnen auch jetzt gleich nicht die noch unbestimmt bey mir vorhandenen Handschriften von verschiedenen Gelehrten (außer den alten ungedruckten Pommerschen und Märckschen Chroniken und großen Pommerschen ungedruckten Urkunden, und Landtagsabschiede-Sammlungen, welches alles hier mit anzuführen, zu weitläuftig seyn würde,) nahmhaft machen; worunter sonst wohl einige erhebliche und des Drucks nicht unwürdige Stücke sind. So bald ich aber nur etwas Muße dazu erhalte, will ich auch diesen Ihren Wunsch erfüllen. Ich bin u. s. f.

Berlin
den 9ten April 1784.

Drittes

Drittes Schreiben.

Von fremden ungedruckten Handschriften, in verschiedenen Sprachen, in meiner Biblio=thek, nach ihrem Format.

Hier haben Ew. ꝛc. nun auch eine besondere Anzeige von den, meines Wissens, noch unge=druckten Handschriften verschiedener Gelehrten in meiner Bibliothek, außer den alten Märck=schen und Pommerschen Chroniken und meinen Urkundensammlungen, die ich, wie ich schon letzt gedacht, übergehe, da dies eine eigene Schrift erfordern würde.

In Folio.

1) *Ewald Frid. de Hertzberg* Ius publicum Borusso - Brandenburgic. Ex autographo de-scriptum.

2) Suecia libera: Das freye Schweden, als ein Monarchisches, aber limitirtes, anfänglich Wahl= folgends Erb= nunmehro wiederum seit 1719 Wahl=Königreich). Mit Anmerkungen aus der Historie und Politik — in teutscher Sprache beschrieben von einem gebohrnen Schweden. 1725.

Ein starkes aus 15 Cap. bestehendes Werk, deren Inhalt aus meiner Vorr. zum *Quade*=schen. Catal. *de bibliotheca Neptuni*, welche auch

auch 1760 befonders abgebruckt worben, d. S.
33 u. folg. S. erfehen werden kann. Der
Verfaffer ift der berühmte ehemal. Schwedi-
fche Regierungskanzler zu Stettin, Magnus
von Lagerfröm, deffen andere Handfchrif-
ten zugleich dort Not. 55 angezeigt find. Einige Stücke in app. documentorum hat Herr
Prof. Dähnert zu Greifswalde bereits feiner
Ausgabe der Grundgefetze des Schwedifchen Reichs in den dazu gehörigen *Actis
publicis* Roft. und Greifew. 1759—1760.
gr. 8. beygefügt. Bey obiger Handfchrift
liegt auch noch eine andere kleine: Eylferti-
ger Entwurf aus den Schwedifchen
Reichsgrundgefetzen und den Münfter-
fchen Friedensfchluß über die Succef-
fionsfolge bey dem Abfterben Sr. Kön.
May. in Schweden *Caroli XII.* Im Mon.
Januar 1719. in 4to 4 Bog. worin fürnehmlich des Herzogl. Hollfteinifch. Haufes
Vorrecht auf die Krone Schweden gezeiget
wird. Diefer Verfaff. ift mir nicht bekannt.
Ferner liegt dabey ein halber Bogen: Novum
folutionis modum a fe primo inuemtum *Chri-
ftianus Ravius* in tres leges regni nouas diui-
dit, quarum duae priores funt in praxi Sueciae, altera plane noua numquam habuit radi-
cem in Suecia. Es betrift diefes Blatt die
Schwedifchen Gefetze in Erhandlung liegen-
der Gründe und Landgüter.

3) Des Schwedifchen Feldmarfchalls und
Generalgouverneurs Niels Bielcken Anklage,
fo von Jhro Königl. May. Fifcal 1690 den 31
Oct. gefchah.

4) Chri-

4) **Chriſtoph Herm.** Schwebers Eigen=
händige Zuſätze zu ſeinem Theatro praetenſion.
illuſtrium. 1712.

Sie ſind bey der 2ten Glaſeyſchen Ausga=
be nicht gebraucht worden, würden aber bey
einer anderweitigen ſehr nutzbahr ſeyn kön=
nen. Von dem berühmten Verfaſſ. ſehe man
meine *Memoriam Quadeanam*, a. d. 20 S.
Not. 16.

5) Summarius legum et ſupremorum iudi-
ciorum per Europam recenſus.

Quis auctor huius Tract. bonae frugis mul-
taeque lectionis? non liquet. Exſtabat in Catal. biblioth. *Franc. Henr. Reimers*, regis M.
Brit. et elect. Brunſuic. et Luneburg. conſil.
aulici et iudicio archiuoque Cellenſi praefecti.
Poſſeſſorem ipſum, eius auctorem non fuiſſe,
inde mihi quidem conſtare videtur, quod ano-
nymo ibi tribuitur. Auctor tamen, quisquis
ſit, p. 11 *Ioach. Lud. Reimerum*, patruelem
ſuum vocat.

6) LXX Arcana magica.

7) Itinerarium oder Reiſebuch d. i. Beſchrei=
bung der Reiſe, welche der Wohledle, Geſtrenge
und Ehrenfeſte Herr Ludwig Nauter ſeel.
Weyland Marggräfiſch. Brandenburgiſch. gewe=
ſener Landhofmeiſter im Herzogth. Preußen, nach
Jeruſalem und anderen Oertern gethan hat,
wie er an, 1567 den 29 Octob. von Soldaib,
Mlava aus Preußen abgereiſet und an. 1571 den
20 Jul. zu Preußmarck in Preußen wiederum
glücklich angekommen, nachdem er 4 Jahr und
8 Mo=

8 Monath auf der Reise zubracht vnd außgewesen, vnd in allem verzehret vnd exponiret 3000 Fl. Pohlnisch. Von Sr. Wohledl. Gestrengen vnd Excellenz, alles mit Fleiß observiret vnd aufgezeichnet, schriftlichen hinterlassen.

Meine Handschrift ist nur ein Fragment dieser Reisebeschreibung, so allein den Türkschen Staat und die Reise von da nach Jerusalem zum Heil. Grabe, (wo unter den noch eben daselbst angekommenen Pilgrims, 2 Schlesier, Georg Zedlitz und Hans Reckwitz genannt werden) und nach Betlehem bis zum 20 Oct. 1568 in sich begreift.

8) Unvorgreifliche Gedanken das ius primariar. precum Sr. Königl. May. in Preußen teutschen Reichslande betreffend, sonderlich ob und in wie weit es dem Kayser zustehe? und von dem Unterschied dieses Rechts von Panisbriefen.

9) Anonymi (forte *Io. Frid. Crameri* ob adscriptum ipsivs *iudicium*) Historia electorum Brandenburgicor. a Friderico I vsque ad Georgium Wilhelmum incl. 2) *Io. Frid. Crameri* iudicium de opere Pufendorffiano, quod de rebus gestis Frid. Wilh. M. conscripsit.

Posterius dudum impressum exstat in Suppl. ad commentat. meam de *Historiographis Brandenburg.* p. 53 seqq. Est etiam inter MSCta mea fragmentum accuratae vitae *Georg. Wilhelmi*, elect. Brandenb., nostra aetate, a viro, apud nos, perillustri, omnium sermone celebratissimo, ex actis secretioris archiui Berol. con-

conſcriptae: dolendum vero, opus tam bene
coeptum ad mcnſ. April. a. 1620 tantum eſſe
perductum.

10) Varia Acta Oldenburgenſia.

Ein Handbreit ſtarker Foliant.

11) Ciuitatis Oldenburg. Statuta, Priuilegia,
Grauamina, Oldenburgſcher Räthe Gutachten.

12) Annotationes ad *Eraſmi* Epiſtolarum librum II*dum.*

13) Opus *Rudbeckianum* ſine rubro, cuius argumenta *capitum* haec ſunt: I) de conſenſu ſacri Codicis et ſcriptorum profanorum in rebus
vltimae antiquitatis p. 1 — 104. II) non exiſtat.
III) de rebus ad A. M. 1800 pertinentibus,
p. 104—255. IV) de iis, quae Nachori, Tarachi atque Manni, et, quae proxima ſequebatur
aetate, ad A. M. illuſtriora habentur, p. 255 ad
fin. pagg. 420.

14) (Chriſt. Maximil. Spenero) Heerhol
diſch-hiſtoriſcher Entwurf von dem Urſprung der in
dem großen Königl. Preuß. Schilde enthaltenen
Waapen.

15) Leben und Thaten Churf. *Iohann* zu Bran-
denb. Cicero zugenannt. (Vermuthlich von dem
Königl. Preuß. Geſchichtſchreiber Jacob Paul
Freyh. von Gundling.)

16) Clauis, oder Genealogiſcher Schlüſſel zu
der Marggräfl. Brandenb. Tabelle, ausgefertiget von *Ian. Abrah. a Gehema,* Eq. et indigena
Polon. Königl. Preuß. Fiſcal des Armes 1707.

17) La

17) La Defcente de S. A. S. Mad. Eleonore Ducheſſe de Zelle, née de la Maiſon d'Eſmiers en Xaintonge en Ligne droite de l'Empereur Charle Magne de Pere en Fil.

18) Kurze' und gründliche information von Sr. Königl. May. in Preußen Generaln von der Infanterie und Gouverneurn zu Weſel, Herrn Philip Carl des H. Röm. Reichs Grafen von Wylich und Lottum und Dero Vorfahren — notoriſchen iuribus, welche Deroſelben, als Frey= herrn zu Lottum und Gribenvorſt mit allem Recht und Billigkeit competiren.

19) Diſquiſitio hiſtorica de Marchia Lands-bergenſi, qua ſimul plurima hiſtoriae Marchicae capita illuſtrantur.

Dieſes MSCt kommt zwar aus der Dith= marſchen Bibliothek her, in deſſen zu Frankf. a. d. Oder herausgekommenen Auctions= Catal. es unter den Handſchriften aufgeführt worden, iſt aber von deſſen Diſquiſit. über ſel= biges hiſtoriſches Problem in *Miſcellaneor.* *Berol. ſocietat. reg. ſcientiar.* 4 B. a. d. 153 S. ſehr verſchieden.

20) *Alphonſi de Vignoles* ſchedae de epiſcopa-tu Brandenburgenſi.

Deſcriptae ſunt b. *Georg. Godof. Küſteri* ma-nu, memorandae maxime, quod habeant non-dum editas inſcriptiones aedis cathedralis Brand. ab *Alphonſo de Vignoles,* paſtore tum eccleſiae Gallicae eiusdem vrbis, transſcriptae.

21)

21) *Franc. Mediobardi Biragi* Regiſtratio nu-
morum ſuorum antiquor.

22) Indice di ſtudio de Medaglie antiche, di-
viſe in due ſerie cioè grandi, e mezzane, e diſpo-
ſtè ordinatamente nel ſuo ſcrigno conforme, qui
ſi vede.

23) Viſitations=Beſcheid für die Neue Stadt
Brandenburg in geiſtlichen Sachen 1600, von
den damahl. Churfürſtl. Viſitatorn, Valent.
Pfuhl, Chriſtoph Pelargus D., Joh. Röp=
pen D., und Erhard Heide eigenhändig unter=
ſchrieben.

24) Bericht von den Rechten des Rießes
vor der Alt=Stadt Brandenburg.

25) *Georg. Godof. Küſteri* Praelectiones tres
in regia ſcientiar. academia Berol. I) de Zolleranorum originibus ex Italia non repetendis.
1744. II) de Zolleranorum origine a Guelfis
non repetenda. 1746. III) de Zolleranorum originibus, nec a Guntramo, nec a Carolo M., nec
a Pharamundo, nec a Bertholdo, Bauariae duce,
nec a Curione, nec a vectigalibus, repetendis.
1747.

Epitomen quidem, verum breuem tantum
prioris praelectionis exhibent: *Mémoires de
l' Academie royale des ſciences de Berlin. Ann.*
1745. à *Berlin* 1746 p. 108.

Dabey befinden ſich auch noch 2 andere hie=
her gehörige Handſchriften unbekannter Ver=
faſſer:

E   Ur=

Urſprung und eigentliches Herkommen der
Churf. von Brandenb. Hohen-Zollerſcher Li-
nie; und

Quando electoratus Brandenburgicus ab An-
haltinis principibus ad Burggrauios Norimber-
genſes ſit deuolutus?

26) Conſpectus rerum Burenſium (Büren).

27) Primae lineae originum Keinſteinenſium.

28) **Joach. Frid. Freyh. von Blumen-**
thal, Chur-Brandenb. Geſandten, Beſchrei-
bung ſeiner Reiſe zum Wahltage des Römiſchen
Königes. 1653. Am Ende fehlt etwas.

29) **Chriſtoph Caſp. Freyh. von Blumen-**
thal, Chur-Brandenb. Geſandten, Beſchreib.
ſeiner Reiſe durch Braband und Frankreich nach
Spanien. 1660.

30) *Io. Magiri* Breuiarium hiſtoriae metalli-
cae ſ. hiſtoria numiſmatica *Friderici Wilhelmi M.*
elect. Brand.

Tenzel in den M. U. Mon. Jul. 1695
a. d. 571 S. und **Küſter** in *Biblioth. hiſt.*
Brand. a. d. 505 S. u. folg. haben dieſes Werk,
welches in 112 §§ eben ſo viele merkwürdige
Begebenheiten des Churfürſten durch Münzen
darſtellen ſollen, umſtändlich beſchrieben.

31) **Mart. Frid. Seidels,** aus Berlin, Churfürſtl. Hof-Cammergerichts und Conſiſtorial-
Raths, Handſchrift de idololatria ſ. idolis Marchicis: von der Abgötterey und den Abgöttern
der Wenden und ehemaligen Einwohner der
Mark

Mark Brandenburg, dem Vaterlande zur Nachricht und zum Andenken zusammen getragen.
Mit vielen gezeichneten Figuren. Das einzige
eigenhändige Exemplar des Verfassers.
Dazu gehöret:

32) Desselben Thesaurus orciuus Marchicus.
De vrnis Marchicis buftuariis. Von den irrde-
nen Gefäßen, welche bey den heydnischen Zeiten
zu Bewahrung der Todtenasche gebraucht und
jetzt noch in der Chur- und Mark Brandenburg
ausgegraben werden. Mit vielen gezeichneten
Figuren. Auch das einzige eigenhändige
Exemplar des Verfassers, so vorhanden ist.

33) Sam. de Pufendorf de rebus geftis Friderici Wilhelmi M. elect. Brand. commentariórum
libri noutmdecim. Berol. impenfis Ierem. Schrey
et hered. Henr. Io. Meyeri. Anno MDCLXXXXV.
fol.
Pretiofiffimum hoc exemplar ad MSCtum
diligenter reuifum atque a compluribus mendis purgatum, vfui fuo priuato deftinauerat
ill. auctor, cui ipfius vxor hos, contra fuos de-
functique mariti aduerfarios, propria mann in-
fcripfit verfus:

Muß es doch die Sonne leiden
    Daß sie oft verfinstert wird
Ey wie kann ich dann vermeiden
    Daß der Neid mich nicht berührt
Doch ich habe Gott zum Schutz
    Damit bieth ich allen Trutz!
        Catharina Elisabetha,
    verwittwete Freyfrau von Pufendorf.
        a. 1696 den 6 Februari

Contra, altera ibidem, fumtibus *Io. Andr. Rü-digeri* in eadem forma, a. MDCCXXXIII pu-blicata editio, non retinuit modo vitia typo-graphica heic admiffa, fed fexcentis nouis pri-ftina adauxit. Quare illa editio prior et an-thentica longe huic eft praeferenda, atque fic hoc exemplar correctum et ex MSCto reftitu-tum eo magis aeftimandum. Errant vero omnes, qui perhibent, *Sam. Rodigaftum*, Gym-nafii Berolinenfis olim rectorem, opus hoc in linguam tranftuliffe Germanicam: quod nec vnquam factum effe, nec eiusmodi MSCtum, vt nonnulli volunt, in bibliotheca regia Bero-linenfi exftare, certo certius conftat. Conf. etiam cel. KÜSTERI *Bibliothecam hift. Brand.* *p.* 500. Prodiit vero eiusdem verfio Germa-nica operis Pufendorfiani de reb. Suecic. Caro-li Guftaui. Norimb. 1696 fol. Ceterum de fatis *Pufendorfianorum* commentariorum de reb. geft. *Frid. Wilh. M.* eorumque praeftan-tia, dignitate, verfione Gallica MSCta, et epito-me Germanica enodate egi, fimulque falfita-tem vulgaris antea fermonis, prohibitum fuif-fe opus ob multa, quae aulae Brandenb. poftea difplicuere loca, atque pofteriorem editionem inde effe caftratam, dudum extra omnem du-bitationis aleam pofui in *Commentat. de Hifto-riographis Brandenburgic. p.* 50—52. et in *Suppl. p.* 24— 58.

34) Hiftoria Reformationis Saxonicae a fere-niffimo electore CHRISTIANO quondam tentatae, autore D. *Vrbano Pierio* confignata et ab eodem D. *Rudolpho Hofpiniano* Theol. et polyhift. Tigu-rino,

rino, reformationis illius hiftoriam meditanti, fed
non perficienti, transmiffa eft. Eam nepos
D. *Hofpiniani,* capituli nôftri praepofitus, non
ita pridem defunctus, *Io. Henr. Heideggero* Theol.
Tigurino dono dedit: quam aeterna memoriæ
dignam idem *Heideggerus* per excellentiff. D. *Anton. Brunfenium,* fereniffimi elect. Brandenburgici bibliothecae auguftae, ad publici ecclefiae
Chrifti foenoris vfuram, inferri voluit, iuffit.
A. C. MDCXCII. **Auf der Rückſeite dieſes
Blatts lieſet man noch:** Titulus operis, quod
Hofpinianus meditabatur, manu eius propria fcriptus: CHRISTIANUS SAXO-REDIVIVUS h. e. de ortu et progreffu fufceptae â CHRISTIANO, *elect. Saxoniae,* ecclefiarum et fcholarum in Saxonia
fuperiore reformationis hiftoriae. Ex *actis* et
originalibus, vt fint optimi principis vindiciae,
fideliter congefta et tribus libris comprehenfa a
Rudolpho Hofpiniano, Tigurino. **Und über
den Anfang des Tertes ſteht folgende Ueberſchrift: Hiſtoriſcher wahrhaftiger Bericht, was
ſich kurtz vor, bey, und bald nach der Regierung
Churfürſten** Chriftiani **zu Sachſen Chriſtmildeſten Gedächtniß, fürnehmlich in Kirchen und
Schulen begeben.**

Dieſes ſtarke, ſehr leſerlich geſchriebene
Werk in teutſcher Sprache, fängt mit der
Geburt des Churf. 1560 an, bemerket faſt
von allen Vorfällen genau den Tag, endiget
ſich mit dem 1598 Jahr, iſt 686 Seiten in
Folio ſtark, und enthält manche beſondere,
auch ſonſt wohl noch nicht, oder doch nicht ſo
genau bekannte Nachrichten von der Refor-

mation

mation und dem Streit über die Anneh-
mung und den Sinn der Form. concord. fürnehmlich aber von dem so genannten Crypto-
calvinismus in Chur-Sachsen und den,
nach des gedachten Churf. Tode, wegen
angenommener Lehrsätze der Reformirten,
äußerst verfolgten und grausam behandelten
geistlichen und weltlichen Personen, auch allen so nur bey diesem lange gedauerten seltsa-
men geistlichen Schauspiel interessirt gewesen
sind. Unter diesen Nachrichten kommen aber
auch viele abgeschmackte Dinge und die ab-
scheuligsten und unsinnigsten Lästerungen gegen die Reformirten vor, dahin z. B. gehört,
was man a. d. 71 S. lieset, wo es heißt:
„D. *Mirus* scheuete sich nicht dazumahl (1587)
„den genannten Calvinisten öffentlich vor
„Gott, den heyl. Engeln, Sr. Churfürstl. G.
„Dero Räthen und ganzer Christlichen Ge-
„meinde Schuld zu geben, wann sie ihr Abend-
„mahl hielten, so pflegten sie ein Brandtwein-
„tischlein mitten in die Kirche und darauf
„eine große Schüssel voll Pfannkuchen zu se-
„tzen; davon nehme ein jeder ein Stück und
„fresse, daß ihm die beyden Backen bauseten.
„Darneben stünde ein halb Stübchen (oder
„Viertelskanne) voll Wein, da einer nach
„dem andern hinzugienge, setzte mit beyden
„Händen an, und thäte einen so guten starken
„Zug, daß ihm die Augen übergiengen und
„die heißesten Trähnen über die Backen herab-
„flössen; welche Predigt er hernach, als er
„von Dreßden weggekommen, erstlich zu
„Leipzig a. 88 nach seiner Beurlaubung und
„bald

„balb hernach zu Jena drucken laſſen, als ob
„ſie a. 88 geſchehen, in welchem Jahre doch
„in der Schloßkirche zu Dreßden nicht er, ſon=
„dern Joh. Salmuth vom Abendmahl am
„grünen Donnerſtag geprediget hat; aber er
„ſchämte ſich ſelbſt ſolcher offenbahren Un=
„wahrheit, darum ers im Druck ausgelaſſen;
„wiewohl er a. 93 als er zu Leipzig am 8ten
„Trinitat. Sonntag geprediget, eben ſelbiges
„Gedicht daſelbſt auf die Canzel gebracht, und
„im Druck alſo verfertiget, nachdem er da=
„mahls allen Scham ganz und gar abge=
„leget.“

Von eben dieſem boßhaften und Jeſuiti=
ſchen Theologen wird a. d. 33 S. das, nach
dem Sinn des Churf. Auguſt, als er die re=
formirte Anhaltſche Prinzeßin Agnes So=
phia heyrathen wollen, ausgeſtelte ſchmeich=
leriſche Gutachten über die Fragen: „1) Ob
„S. Churf. Gnad. ſich anderweit in Heyrath
„einlaſſen mögten? 2) Ob S. Ch. G. ein
„Calviniſtiſch Frauenzimmer heyrathen mög=
„ten? 3) Ob mit ſolcher Heyrath zu eylen,
„weil die verſtorbene Gemalin noch nicht zur
„Erden beſtattet? erzählt; worauf dieſer
„D. Mirus zur Antwort gab, auf die 1ſte Fra=
„ge: Ja! dann S. C. G. Land und Leute, und
„nur einen einzigen Erben hätten, mögten
„deſto ſicherer heyrathen, um deſto mehr Lei=
„bes Erben Willen. Auf die 2te Frage:
„S. C. G. mögten vielleicht den Fürſten von
„Anhalt vom Calvinismus durch dieſes Mit=
„tel bekehren; ſolten derowegen nur mit die=
„ſer Heyrath fortfahren. Auf die 3te Frage

E 4　　　　„S. C

„S. C. G. ſolten deſto eher die verſtorbene
„Gemalin zu Grabe beſtellen laſſen und dann
„mit der Heyrath fortfahren. - Für dieſes
„Conſilium wurden dem D. *Mirus* 4000 Fl.
„gereichet, ſo er zu Leipzig auf etliche Termi-
„ne erhoben. Wann ein Juriſt von einem
„jeden Conſilio alſobald ſo viel Geld verdie-
„nen könnte, würde er bald reich werden.‟

A. d. 248 S. wird vom D. Müller, damahligen Prof. zu Jena, erzählt, „daß er ſich
„folgender Rede ausdrücklich und ohngeſcheut
„habe vernehmen laſſen: Chriſti Leib werde
„mit den Zähnen zerdruckt, gekäuet und ver-
„ſchluckt; ſo aber gleich im Magen nicht ver-
„dauet, noch durch den natürlichen Gang
„ausgeworfen, oder ausgeſchüttet würde.
„Solches zu beweiſen, habe er das Gleichniß
„eingeführt von einem Trunkenbolde, der ſich
„vollgeſoffen, und die Speiſe, ſo er mit dem
„Munde gegeſſen, mit den Zähnen zerdruf-
„ket, zerkäuet und hinunter geſchlungen, wie-
„der ausgeſpieen, ehe er dieſelbe verdauet
„hätte; worüber man hiernächſt der Aerzte
„Meynung erfordert hat.‟

A. d. 251 S. lieſet man aus M. Joh. Ha-
chenburg, Pfarrer zu St. Michel in Erfurth,
hier angeführten Schriften, eine ſonderbahre
Geſchichte wegen D. Luthers Lehre, daß der
Wein beym H. Abendmahl das Blut Chriſti
ſelbſt ſey. „Den vierten Grund, heißt es
„daſelbſt, will ich nehmen aus einer Hiſtoria
„zu Wittenberg a. 42 ergangen, da hat ein
„Weibsbild wollen zum Nachtmahl gehen und
„indem

„indem ſie nun hat wollen vor dem Altar nie=
„derknien und trinken, trit ſie unſanfte und
„ſtößet hart mit ihrem Munde an den Kelch
„des Herrn, daher etwas heraus vom Blute
„Chriſti anf ihre gefütterte Leibjacke, Mantel
„und auf die Lehne des Stuhls, darinnen ſie
„kniete, iſt vergoſſen worden. Da nun ſol=
„ches der Ehrwürdige D. Luther, ſo gegen
„über in einem Stuhl geſtanden, geſehen hat,
„iſt er bald, gleichwie auch der Ehrwürdige
„D. Pommer gethan hat, zum Altar gelau=
„fen, und haben ſamt dem Diacono ſolches
„verſchüttete Blut Chriſti mit aller Reverenz
„von des Weibs Mantel ꝛc. ſo rein, als ſie
„gekont, helfen ab= und auflecken. Es iſt auch
„ſolcher Unrath genannten D. Martino alſo
„ſehr zu Herzen gegangen, daß er auch dar=
„über geſeufzet und geſprochen hat: Ach hilf
„Gott! es ſind ihm auch die Augen voll Waſ=
„ſers geſtanden. Nach gehaltener Commu=
„nion iſt er zugefahren und hat das rauhe
„Futter der Leibjacken, darauf das Blut des
„Herrn war verſchüttet worden, weil mans
„nicht hat können rein ablecken, laſſen aus=
„ſchneiden und mit Feuer verbrennen. Nach=
„dem aber auch von genanntem Blut etwas
„war auf die Lehne des Stuhls gefallen, hat
„er ſolche Lehne laſſen höffeln und die abge=
„höffelten Spänlein auch laſſen zugleich ver=
„brennen; wie ſolches alles, beydes von Do-
„ctoribus und Magiſtris, darzu von Studen=
„ten und Bürgern, ſo auf dieſelbe Zeit in der
„Kirche geweſen, mir bekändlich ſeyn werden.
„Aus dieſer Geſchichte höret man nun auch,

E 5

„was

„was gedachter Ehrwürdige D. Martinus
„von dem verschütteten Tröpflein des geseg-
„neten Kelchs gehalten habe, nehmlich vor
„das Blut Christi; denn, wann er das nicht
„gethan hätte, so würde er wohl in seinem
„Stuhl stehen blieben seyn, er würde auch
„über solches Vergießen nicht geseufzet, noch:
„Ach hilf Gott! gesagt haben, er würde auch
„solchen beschapten alten Mäntel und Schleyer,
„wenn sie auch eitel Samt gewesen wären,
„mit seiner Zungen in solcher Andacht und
„Ehrbarkeit nicht geholfen haben ablecken,
„vielweniger würde er so närrisch gewesen
„seyn, daß er solche Lehne hätte helfen belek-
„ken, noch die Spänlein ins Feuer werfen,
„oder das arme, ohnedas erschrockene Weib,
„an ihrer Leibjacke weiter beschädigen, oder
„betrüben lassen. Haec ille. “

A. d. 271 u. 332 u. folg. u. 680 S. wird
von der, von dem Churfürstl. Hofpred. L. Joh.
Salmuth, nach dem Sinn der Reformirten,
(wie es heißt) 1589 im Druck herauszugeben
angefangenen und nur aus 469 Blättern be-
stehenden, auch nur 100mahl abgedruckten
Dreßdner Bibel und den vorgegebenen vielen Irrthümern darin, umständlich gehandelt.

A. d. 459 S. lieset man einen lächerlichen
Verdacht gegen den Churf., daß er reformirt
gestorben sey, weil er bey dem letzten Genuß
des heyl. Abendmahls am hellen Tage, keine
Lichter leiden wollen.

A. d. 490 S. wird erzählt, daß durch die
vom Churf. geschehene Abschaffung des Exor-
cismus,

cismus, sich zugetragen habe, „daß man die=
„serwegen ein Kind aus der Stadt bey ziem=
„licher Kälte gen Pretsch zur Taufe abgeführt;
„denn die Bürger nunmehro so troßig waren,
„daß sie unverschämter Weise fürgaben, sie
„hätten ihren Weibern die Kinder auf
„die alte Weise gemacht, derowegen wol=
„ten sie dieselben auch auf die alte Weise
„getauft haben.“

A. d. 522. 673. 675 u. folg. S. wird von
dem seines Dienstes, als Hofmeister der Chur=
fürstl. Prinzen erlassenen, verfolgten, aber
standhaft gebliebenen Cammerjunker, Hein=
reich von Hagen gemeldet. Fürnehmlich
klagt er an leßterem Ort über den Grafen
von Schlick, auf den er einen spöttischen
Lobgesang gemacht, welcher diese Unterschrift
hat:

Heinrich von Hagen darfs wagen,
  Dem Grafen seinen Namen sagen.
Verläugnet auch denselben nicht,
  Wie sonst von Schlicken hier geschicht.*)

A. d. 623 S. kömmt ein gar sonderbares
Verfahren wieder einem Thurmknopf zu Leip=
zig vor, der verdächtig geworden war, daß
er Lehrsäße der Reformirten in sich enthielte;
welches also berichtet werden. „Bey Ende
„des Jahrs (1592) den 20 Nov. trug sich eine
„selt=

*) Dieser hatte, unter dem Namen Mardochaeus,
  wider die Ausgabe der Dreßdner Bibel eine beson=
  dere, wie es heißt, lügenhafte und einfältige Schrift
  drucken lassen.

„seltſame Geſchichte mit dem Leipzigſchen
„Knopfe zu, daß auch der Knopf auf dem
„Kirchthurm zu St. Niclas des Calvinismus
„verdächtig gemacht worden, und wie eine
„durchgehende Viſitation in Leipzig bey allen
„Ständen angeſtellet, alſo auch der Knopf
„viſitiret und durchſuchet werden müſſen.
„Ward derowegen der Leipzigſche Knopf, wie
„der abgenommen, aus Urſachen, daß darin=
„nen der Calviniſten Bündniß und heimliche
„Practik von Henkers Schwerdtern und an=
„dern verborgen und beygelegt geweſen, und
„nunmehr durch Gottes ſonderbahre Schik=
„kung entdecket und offenbahret werden ſolle.
„Als dieſes ruchbahr und von etlichen mit
„ſonderbarem Frolocken angebracht, iſt der
„Schieferdecker von Altenburg, ſo den Knopf
„aufgeſetzt, befragt worden, welcher denn be=
„richtet, er habe eine zinnerne Büchſe in dem
„Knopf legen müſſen, ſolches hat er den 11ten
„Octob. in der Churfürſtl. Renterey ausge=
„ſagt. Den 19ten Nov. ward der Schiefer=
„decker wieder erfordert und den 20ſten der
„Knopf herunter gelaſſen in Gegenwart eines
„von Schleinitz und von Schönberg item
„Veit Siebers und George Hüters, da=
„rinnen man eine zinnerne Büchſe und ein
„klein hölzern Schächtlein gefunden, und ſol=
„ches beydes dem Hrn. Adminiſtrator uner=
„öfnet zugeſchicket; aber iſt darinnen anders
„nichts, dann ein lateiniſch Verzeichniß der
„Amtleute, Rathsherrn, Profeſſorn und etli=
„che Hiſtoria befunden und vom Hrn. Admi=
„niſtrator dem Rath wieder zugeſchicket wor=
„den,

„ben, damit Ihres Gefallens zu handeln; hier-
„auf der Rath den oftgedachten Leipzigschen
„Knopf den 18ten Dec. wieder aufgezogen
„und den 19ten wieder auffetzen und den Ver-
„dacht des Calvinismus wieder den Knopf,
„fallen laſſen."

Ich übergehe mehreren hier vorkommenden
Religionsunſinn und gedenke nur noch des
wiſder die verdächtigen heimlichen Anhänger
der Reformirten zu Leipzig, 1593 entſtande-
nen entſetzlichen Tumults und der an dieſen
Perſonen verübten erſchrecklichen Gewalt-
ſamkeiten, auch barbariſchen Verwüſtungen
ihrer Häuſer, Zernichtungen und Berau-
bungen ihrer Habſeligkeiten, ſelbſt unter
den Augen eines der Zeit weiſen unweiſen
Raths, darunter ſich fürnehmlich der Bürger-
meiſter Sieber ausgezeichnet hatte; davon,
und von den darauf erfolgten Executionen
a. d. 650—659 S. umſtändlich Meldung geſchehen iſt.

Endlich werden S. 676—684 die beſonde-
ren Umſtände, ſo mit den auf dieſen frommen
Churfürſten, von ſeinen Feinden und Läſte-
rern unter der damahligen dortigen Geiſtlich-
keit, gehaltenen Leichenpredigten, vorgegan-
gen, und wie und auf was Art ſie zum Druck
gekommen, erzählt, auch die groben Lügen und
Läſterungen darin wiederlegt.

Dieſes Manuſcript befindet ſich zwar auch
auf hieſiger Königl. Bibliothek, wohin es, wie
der Titel beſaget, von Joh. Heinr. Heideg-
ger,

ger, durch den damahligen Churfürstl. Brandenb. Hofprediger, Anton Brunſenius, ge-
ſchenkt worden, und hat hier Quartformat,
iſt aber lange nicht ſo ſchön, als mein Codex,
geſchrieben. Daß dies Werk weiter irgend-
wo, außer vielleicht nur noch in Zürch, vorhanden ſey, weiß man nicht. Wenigſtens
habe ich es noch nirgends, als unter den Handſchriften in des ſeel. Conſiſt. Rath und Probſt,
Joh. Guſtav Reinbeck Catalog. ſeiner
alhier 1743 verkauften Bibliothek a. d. 340
S. angetroffen; wo es mit dem größeſten
Rechte *MSCptum rariſſimum atque adhuc ανεκ-
δοτον* genannt wird. Selbſt in Sachſen mag
es nicht einmahl ſeyn, da deſſelben weder in
Kreyſigs Bibliothek von Ober-Sach-
ſen in den beyden Cap. vom Cryptocalvi-
niſmus, noch in Goezens Merckwür-
digkeiten der Churfürſtl. Bibliothek zu
Dreßden, oder in Beyers *Arcanis ſacris
Bibliothecar. Dreſdenſium,* oder deſſen *Epi-
ſtola de Bibliothecis Dreſdenſibus, tum publicis,
tum priuatis* oder Schöttgens *Notitia Bibliothecae ſcholae Dreſdenſis Crucianae,* noch in
anderen dergleichen Schriften, erwehnet
worden.

In Quarto.

In Quarto.

35) Ewald Frid. von Hertzberg Geschichtmäßige Untersuchung der zur Verkleinerung und Verunglimpfung des Königl. Churhauses Brandenburg, in einer 1746 in gr. 4to unter der Aufschrift: Politische Historie der Staatsfehler, welche die Europäischen Mächte in Betrachtung der Häuser Bourbon und Brandenburg begangen, zum Vorschein gekommenen Schrift, ausgestreuten Unwahrheiten.

36) Simon Frid. Hahns, (ehemal. Prof. der Geschichte zu Helmstädt) vollständiges Collegium über die Brandenb. Historie, nach Anleitung des Canzl. Joh. Pet. von Ludewig *Germania princeps* 2ten Buch). Ein starker gut geschriebener Band. Nebst eines Anonymi Urtheil über *Ludovici Petri Giovanni* Germaniae princeps. Dabey liegen auch noch eines andern Ungenannten Erinnerungen über dasselbe Stück der Ludewigschen *Germ. princeps.*

37) Syntagma hist. litt. de bibliothecis, praecipue exteris, in quo praeter historiam bibliothecae regiae Hispanae s. Laurentii Escurialis, Bodlejanae Oxoniensis, Laurent. Pignorii, Cottonianae, vitae quoque Roberti Cottonis, Th. Bodleji, et Laurent. Pignorii exhibentur. Adhaeret Catal. libror. manuscriptor. in bibliotheca cel. et antiquiss. monasterii Neresheimensis ordinis Benedicti adseruator. itemque Catal. libror. manuscriptor. in antiqua ecclesiae cathedralis Augustanae bibliotheca a multis seculis sepositorum et reconditorum. Dabey liegen noch:

Christ.

Chrift. Salbachii Praelectiones bibliotheca-
riae h. e. Recenfus libror. bibliothecae fuae.
Gryphifwaldiae 1705 hab.

Georg. Nathan. Kiftmacheri, (Prof. olim
eloq. in reg. eoque acad. Gymnafio Palaeo-
Stettin.) Orat. de bibliothecar. dignitate, praeftantia et vfu, felicibus bonar. art. incremen-
tis, fub augufto *Augufti* III potentiff. Polon.
regis imperio.

38) Lexicon naturaliftarum et fanaticorum,
quorum libri, faltem hypothefes in perniciem
generis humani ad nos peruenerunt. Dabey lie⸗
gen noch: Collectanea ad hiftoriam de religione
eruditorum.

39) Legationi Mofcouiticae de a. 1603 men-
fe April. Maj. et Iún. apud magnum Mufcouiae
ducem feliciter refpectiue expeditae. Was in
der erbarn von Lübeck vnd andern Hanfefchen
Stettefachen, die Beförderung, den Erwerb vnd
Kaufhandlung belangendt, bey dem durchlauch⸗
tigften, großmächtigften Kayfer vnd Großfür⸗
ften, Herrn Baryß Forderwitus von felbft an⸗
halten aller Rattffern vnd dem jungen Herrn
Kayfer vnd Fürften Korden Baryßwitus al⸗
ler Reuffen, Anno 1603 im Mon. April, May
vnd Jun. in der Stabt Muskow vnd fonften
vorgelaufen vnd verrichtet worden.

40) Der Richtfteig über das Landrecht. Codex chartaceus bonae notae, initio fec. XIII fcriptus. Ex bibliotheca *Seideliana*.

41) *Pet. Haffitii* Tr. de heroici generis ac
nobilitatis origine, caufis, finitionibus, diui-
fione,

fione, fignis, typis, imaginibus, ac titulis. MDLXXXVI.

42) Luftgarten der Heyrathen in Afia.

43) I. *Zenner* de coronis antiquis et hodiernis. Cum figuris elegantiffime adpictis. MDCLXXII. Stet.

44) Recenfio MSCtorum orientalium, in primis Arabicorum, quae exftant in bibliotheca regia *Berolinenfi*, confcripta a. 1704. 1705 fin. XV Nov. Conftat LXV Codicibus compactis, et incompactis in fol. XXIV, in 4to XXII, in 12mo XXXIX.

45) Recenfio codicum V. T. hebraicorum MSCtorum, qui in bibliotheca regia adferuantur.

46) Bibliothece *Leninenfis* Index. MDXLVI. Ex autographo in bibliotheca academiae Ienenfis accuratiffime fecundum litterarum ductus defcriptus. Ita incipit

Prima pars cronice anthonini 1
Secunda pars cronice anthonini 2
Tertia pars cronice anthonini 3
Finit p. m. 33 fic:
Gregorius fuper cantica canticorum.

47) Bericht vom Clofter Heyl. Grabe (in der Priegnitz) aus einer alten Handfchrift vom 1421 J.

F   In Octavo.

In Octavo.

48) **Casp.** Georg Friccius, (gewesenen Pred. bey der Jacobi-Kirche zu Stendal,) Historicorum Palaeo - Marchicorum Collect. I. d. i. Alt-Märckscher historischer Sachen 1ste Sammlung. (Als eine Fortsetzung der Rüdemannschen 3 gleichen Sammlungen in 8vo.)

49) Der Reisen *Martini Leandri* von *Kalsow* oder *Calsow*, von 1623 bis 1651, in 2 kleinen Theilen.

Dieser von Kalsow, geb. den 18 Febr. 1607, ein Sohn von Christian, und Enkel von Martin von Kalsow, hatte eine Hauptneigung zum reisen gehabt; wie er denn 28 Jahr umher gereiset, endlich aber in der Neumark das Guth Blankenhagen von Casp. von Sukow 1652 erblich erkaufet und solches 1657 zu Lehen genommen. Seine Frau war Anna Margaretha Dillies, des Bürgermeist. Joh. Dillies in Stettin und Barbara Werthern Tochter, welche er 1647 den $\frac{7}{5}$ Octob. geheyrathet und mit derselben einen Sohn und 1 Tochter Juliana Eleonora, die an den Pommerschen Landrath Jobst Ludewig von Dewitz auf Daber und Wussow verheyrathet worden, gezeuget hat. In seiner Reisebeschreibung beym J. 1633 nennet er den Cantzler Braunschweig zu Stettin, seiner Mutter Bruder. Das Jahr seines Todes kann ich nicht zuverläßig angeben.

50) Georg Gottf. Küsters Einige Collectanea zu einer neuen Ausgabe Joh. Wolfg.

Rent

Rentſchens Brandenburgiſchen Ceder-
Hayn. In Octav.

Das von ihm ſchon völlig zum Druck zube-
reite MSCt dieſes Buchs iſt nach ſeinem Tode
den Erben leyder! entwendet worden, und
niemand hat, alles Erforſchens ohnerachtet,
noch nicht erfahren können, wo es hingekom-
men. Derjenige, der es zuverläßig nachzu-
weiſen vermag, kann von den Erben, oder
mir, einer guten Belohnung gewärtig ſeyn.

51) *Hadriani Beuerlandi*, I. V. Licentiati,
de peccato originali κατἐξοχὴν ſic nuncupato, Diſ-
ſertatio. Pſalmographus Pſ. LVIII. commate IV.
Abalienati ſunt impii inde a vulua, errauerunt
ab vtero; loquentes mendacia. Lugd. Bat. Ex
Typographeio Danielis a Gaeſbeck MDCLXXIX.

Exemplar hoc eſt libri impii atque rariſſimi
editionis ſecundae, cui, ab ipſius auctoris
manu, permultae emendationes atque additio-
nes pro adornanda *tertia* editione, adiectae:
quod quidem meum, quo rarior ipſe liber, eo
notabilius habendum exemplar, quum haec
numquam foras exiit editio. Conf. b. *Melch.
Lud. Widekind Ausführlich. Verzeichniſſ von
raren Büchern part. III. p. 428* vbi huius quidem editionis, non tamen ſcriptiunculae me-
minit, quae poſt p. 157 ſequitur, conſtantis
quatuor foliis et dimidio, ſic inſcriptae: *Pia
meditatio cum propria conſcientia contra mundi
illecebras Theſſalarum, Magarum faſcinationi-
bus venenoſiores.* Atque ſic haec editio non
paginis 157 ſed 166 absque *erratis* conſtaret.
Omiſſum quoque eſt a cel. *Widekind* typogra-
phi

phi nomen in fronte libri expreſſum. Exſtat etiam in bibliotheca noſtra MSCtum huc faciens hac cum inſcriptione: *Strictturae ſotadi-co-'phallicae h. e. Notae criticæ philologico-phyſico-curioſae in Hadriani Beuerlandi de peccato originali libram rariſſimum, iuxta ſeriem libri digeſtae a Themidis alumno*: quod quidem *Freyſtadii typis Eaſebii Philadelphi* editum eſſe, dicitur, cuius tamen editionem numquam vidi, neque vnquam allegatam me legere memini. Poſſidet non minus bibliothecà mea aliam huc ſpectantem ſcriptiunculam, ſic inſcriptam: *Edmundi Schelſtrateni Cribratio opinionis Beuerlandicae de peccato originali ad Innocentium XI pontif. Rom.* vſque adhuc, vt ego quidem ſcio, publici iuris haud factam. Ita vero auctor impuri libelli, quisquis ſit, (ſuppoſitum enim nomen eſſe dudum in *Diff. de bibliotheca Neptuni et aliis rebus litterariis, praefationis loco Catalogo bibliothecae Quadeanae praemiſſa, p. XXXVI* monui) cum finit: *Doctori Prageſto ſalutem. Euolui tuo rogatu Schelſtrateni libellum, orthodoxa, et quae faciunt ad bonos mores, excerpſi, metaphyſica, ſcholaſtica et papolatrica reſecani: quodſi aliquis ex proteſtantium coetu velit ſupplere lacunas, et adhortationem ad caſtitatem ſubiungere exactiorem, nullus dubito, quin omnium applauſu in dias luminis auras eat*

Tuus ex aſſe
Podalyrius Bontekoe.

Ceterum, plaſtem libri Gallici: *Etat de l'homme dans l'eſpeché originel. Imprimé dans le monde. 1714. 8.* qui vſque ad hunc diem latet,

tet, malitia, ſpurcitie, et cauillandi animo in
rebus ſanctis, ipſum adhuc ſuperare *Beuerlan-*
dum, eiusque a. 1746 Halae, Germanice, in
terris tamen Boruſſo-Brandenburgicis mox pro-
hibitam, prodiiſſe editionem, hoc cum elogio:
Philoſophiſche Unterſuchung von dem Zuſtande
des Menſchen in der Erbſünde, wo man die
Quelle, die Urſachen und die Folgen dieſer Sün-
de in der Welt anzeiget. Prima mali labes —
Ueberſetzt von M. (Phil. Ern. Bertram) omnes
inter conſtare arbitror.

52) *Ioannis* (Petiti, alias) *Sareſberienſis,* Po-
licraticus ſiue de nugis Curialium et veſtigiis
philoſophorum libri octo. Lugd. Bat. ex officina
Plantiniana cIɔIɔxcv. 8.

Bey dieſer Ausgabe befinden ſich am Rande Varianten, welche der berühmte ehemalige Königl. Bibliothekar Mat. Veyß. la
Croze aus einem Codex auf der Königl. Bibliothek zu Berlin angemerket hat; die aber
nur bis auf des 2ten B. 17tes Cap. gehen.

53) Betbüchlein der Durchlauchtigſt. und
hochgeborn. Fürſtin und Frauen, Ft. Cathe-
rinen, gebohrner und vermählt. Marggräfin zu
Brandenb. — — MDLXXVII.

Iſt ganz auf Pergament in kl. Oct. geſchrieben. Dieſe Catherine, Tochter des Marg-
graf. Johann zu Cüſtrin, war des Churf.
Joach. Friderich von Brand. Gemalin, eine
um das Wachsthum der Wiſſenſchaften, durch
Anlegung einer Bibliothek, und durch Er-
bauung vieler Kirchen, große Milde gegen

F 3   die

die Armen, auch Stiftung der hiesigen Schloß-
apotheke sehr verdiente, gegen die Reformirten aber höchst feindseelig gesinnte Fürstin.
Der am Ende dieses Gebetbuchs genannte
Schreiber desselben, Mag. Jacob Eisen-
berg, war Hofpred. bey der Domkirche zu
Halle; dessen Dreyhaupts Beschreib. des
Saalkreyses im 2ten B. a. d. 620 S. auch
Urban Pierius in der hier a. d. 68sten S. angef. Reformationshist. von Sachsen a. d. 178
S. gedenken. Sonst ist auch von dieser Churf.
ein Gebetbuch, so Sie, wie es auf dem Titel
heißt, Selbst zusammen getragen, und Ihrem
herzlieben Ehegemahl und Kindern dedicirt,
zwar lange nach Ihrem Tode, zu Halle 1617
in 4to herausgekommen, es war aber vorher
schon, noch bey Ihrem Leben, 1602 gedruckt;
wie in Flecks Leichenpredigten auf diese Churf.
auf dem Bogen M 2 gemeldet wird. Beyde
Ausgaben sind äußerst selten.

Was ich von diesen Handschriften, auf Verlangen, andern zum Druck überlassen könnte und
würde, werde ich erst, nach einer genauern Untersuchung derselben, bey mehrerer Muße bestimmen können. Sodenn werden auch noch
besondere Anzeigen von des berühmten Johann
Carl Schott eigenen noch ungedruckten Abhandlungen, fürnehmlich über Römische Münzen
und eine genaue Nachricht von den, durch seine
gelehrte und leserlich geschriebene Anmerkungen,
erläuterten vielen in seiner nachgelassenen und
mir von seinem Sohn vermachten ansehnlichen
Bibliothek, vorhandenen Münzbüchern und clas-

ſſchen Auctoren, desgleichen von ſeinem eigenen
mit dem berühmten Ezech. von Spanheim
und vielen andern angeſehenen Gelehrten ſeiner
Zeit, geführtem Briefwechſel, endlich auch ein
anderes alphabetiſches Verzeichniß von meiner
eigenen Sammlung von Briefen berühmter
Gelehrten in verſchiedenen Sprachen, nachfol-
gen. Ich verbleibe indeſſen u. ſ. f.

Berlin
den 30ſten May 1784.

Viertes Schreiben.

Von Schottſchen numiſmatiſchen und anti-
quariſchen Handſchriften und deſſen wichtigem
Briefwechſel, fürnehmlich dieſes
Inhalts.

Ew. ꝛc, erhalten vorerſt jetzt allein eine Nachricht von des berühmten Joh. Carl Schott,
ehemaligen Königl. Preuß. Raths, *Biblio-
thecarii*, auch Vorſtehers des Königl. Anti-
quitäten = und Medaillen = Cabinets und
Directors der philologiſch. und hiſtoriſch.
Claſſe bey der Königl. Societät der Wiſſenſchaften zu Berlin, nachgelaſſenen eigenen
numiſmatiſchen und antiquariſchen Handſchrif-

F 4   ten

ten A) und seinem annoch ungedruckten, größesten Theils numismatischen Briefwechsel; B) welches beydes sehr erheblich ist. Zu jenen gehören auch billig diejenigen wichtigen Bücher in seiner mir, wie Sie schon wissen, durch Erbschaft zugefallenen ganzen Bibliothek, welche von diesem berühmten Mann mit gelehrten Anmerkungen von seiner eigenen Hand, die sehr leserlich ist, und längst, als schön gepriesen worden, *) versehen sind. Hier ist das Verzeichniß von allen:

A.

1) Ad L. *Begeri* Thesaurum Palatinum.
   Ist nur ein Register über dieses höchst seltene Werk.

2) Ad gemmas *Leon. Augustini.*
   Ist nur ein Register darüber.

3) Ad *Gorlaei* dactiliothecae T. I. et II.
   Ist gleichfalls nur ein Register darüber.

4) Notae quaedam numismaticae ad FLORI *Begeriani* libros II. **) it. eiusmodi Notae ad libri III capita X priora. Adiacent Notae quaedam criticae alia manu scriptae in lib. III.

5) An-

*) Dies ist in den Lilienthalschen Selectis historic. et litterar. continuat. obf. IV de elegantia manuum eruditar. a. d. 280 S. geschehen.

**) Diese überaus prächtig, allhier auf Königl. Kosten 1704 gedruckte, mit den wichtigsten Anmerkungen, auch durch saubere Kupferstiche und sehr viele Münzen erläuterte, obgleich nicht vollendete Ausgabe in Med. Folio hätte billig in des gelehrten, auch vieler orientalischen Sprachen kundigen hiesigen Röm.
K. K.

5) Anmerkungen über *Taciti* altes Teutſchland, aus Münzen und anderen Denkmahlen des Alterthums. Mit Zeichnungen der Münzen in 4to.

Gehet nur bis auf das 3te Cap. Dabey liegt eine teutſche Ueberſetzung *Taciti* Germaniae eines andern. Noch liegen dabey Anmerkungen zum I. Cap. dieſes Buchs wiederum von einem andern.

6) Der Pommerſche Kunſttiſch, wie derſelbe auf Befehl und Koſten *Philippi II* Herz. zu Stettin-Pommern, an. 1561 in Augſpurg gemacht worden. Gegenwärtig aber in des Churf. von Brandenb. *Friderici III* neu angelegter, doch wohl beſtelter Raritäten- und Kunſt-Cammer zu Berlin zu ſehen iſt.

F 5   7) Des

K. K. Geſandten; Herrn Grafen von Rewizky von Reviſnie Excellenz, auserleſenen, gar koſtbaren Sammlung claſſiſcher Schriftſteller in griechiſcher und lateiniſcher Sprache, einen Platz verdient; davon das prächtig, aber nur in einer kleinen Auflage, blos zum Verſchenken, hier in der Ungerſchen Officin gedruckte Verzeichniß, unter dieſem Titel: Bibliotheca graeca et latina, completens auctores fere omnes Graeciae et Latii veteris, quorum opera et fragmenta aetatem tulerunt, exceptis tantum aſceticis et theologicis patrum nuncupatorum ſcriptis: cum delectu editionum tum primariarum, principum et rariſſimarum, quam etiam optimarum, ſplendidiſſimarum atque nitidiſſimarum, quas viui meo paraui Periergus Delrophilus. (dieſe aus dem griechiſchen gemachte Wörter wollen ſoviel ſagen, als: ein ſehr ſorgfältiger Bücherliebhaber) in 3 Abtheilungen zuſammen auf 515 Seiten 1784 in gr. Octav herausgekommen iſt. Gedachte Begerſche Ausgabe war

7) Des Königl. Preuß. Antiquitäten= und Me=
daillen=Cabinets Beschreibung. Erstes Ge=
mach, worinnen historica oder Sachen, so den
alten Geschichten zu Hülfe kommen, selbige
befestigen und erläutern. in fol.

8) Erzählung der Medaillen, so in Sr. Königl.
May. Cabinet verhanden, aber vom Hr. Rath
Beger im Thesauro Brandenb. nicht mit einge=
bracht sind. in fol.

9) *Laur. Begeri* Leben und Schriften. In einem
teutschen Schreiben an den gelehrten Ritt=
meister *Oelven*, (von welchem Hr. Schott
auch in einem andern französischen Briefe an
den Herrn v o n S p a n h e i m, damaligen
Königl. Preuß. Gesandten in England,
ohngefehr vom 1710ten Jahre, Nachricht
giebt.

10) Ca-
mar nach einer guten pergamentnen Handschrift aus
dem 15ten Jahrh. in der Königl. Bibliothek, gemacht
und kommt nur selten vor, weil gar wenige Exem=
plare auf Königl. Kosten gedruckt und solche blos
verschenkt worden, überdies ein Theil derselben
verdorben ist. Auch hätte ich wohl noch die sehr
saubere Baseler Ausgabe des Florus in dieser schö=
nen Gesellschaft anzutreffen gewünscht, welche bey
Joh. Herwagen Mense Martio, Anno MDXXXII
in Fol. unter diesem Titel aus Licht getreten ist:
L. Flori de gestis Romanorum libri quatuor a
mendis accuratissime repurgati, vna cum adnotationibus Io. Camertis, quae commentarii vice
in omnem Romanam historiam esse possunt. Ad
haec, Sexti Rufi, viri consularis, de historia Ro.
epitome multo quam antehac emaculatior. Item,
Messalae Corvini, oratoris disertissimi de
progenie Augusti Caes. libellus, nunc primum
excusus. His accessit rerum copiosissimus index.
Dieses zusammen gedruckte macht 126 Seiten aus.

10) Catalogus bibliothecae *Spanhemiauae*, (poftea regiae Berolinenfi) iuxta librorum fitum,
confcriptus. Spectat tantum libros theol. iu-
ridic. et polit.

11) Correfpondence, Inftructions, Memoirs von
feinem Poften, als Gefandtfchafts-Secretarius
bey dem Hrn. von Spanheim in Frankreich
und England.
Davon ift ein Stück in den Dohmfchen
Materialien für die Statiftik und neue-
re Staatengefchichte 3ten Th. gedruckt
worden.

12) Difcours fur la forme des Tiares des anciens
Roys de Perfes ou Parthes et des Roys Arme-
niens, avec explication d'une Medaille curieufe
d'Augufte, qui a donne de la peene oux An-
tiquaires les plus habiles. Lu dans une des
Conferences de la Societe anonyme de Berlin
ee 29. May 1713.

13) Collectanea, infcripta:
N. I. Gemmarum a) Dii, facra, et virtutes
b) Effigies et fimulacra reg. et illuftr.
c) gemmae hiftoricae d) gemmae fymbo-
licae facrae et profanae.
N. II. Nummi regum populorum, vrbium et
infularum.
N. III. Romanorum Nummi vetuftiffimi, con-
fulares.
N. IV. Imperatorum Romanorum Nummi.
N. V. Contorniati, calculi, refferae.
N. VI. Marmora, torenmata, infcriptiones,
pictura, ftatuae aliaque varia.
N. VII. Nummi et monetae recentiores.
N. VIII.

N. VIII. Capricornus fignatus in nummis.

N. IX. De Nemefibus teftimonia earumque infignia.

N. X. Rota, quibus tribûta.

N. XI. Fortuna redux cum navi iter maritimum fignificans.

14) Alia Collectanea numifmatica e. g. Ad hiftoriam *Francifci de Cararia* eiusque numo rariffimo. De antiquiffimo numo noftrorum temporum. De numis *Paduanis* aliisque falfariorum manu fabricatis. De numis galeatis.

15) Viele einzelne Abzeichnungen von Münzen, Edelgefteinen ic.

16) Sind alle feine eigene im Druck herausgekommene numifmatifche Schriften mit beygefchriebenen Anmerkungen und neuen accuraten Abzeichnungen von Münzen, reichlich verfehen.

17) Gehören nicht weniger hieher alle diejenigen Bücher in feiner gehabten Bibliothek, welche von ihm mit beygefchriebenen Anmerkungen u. Münz-Zeichnungen bereichert worden, als das fehr wichtige S p a n h e i m fche Werk de vfu et praeftantia numifmat. Tom. I. (Lond. 1706. fol.) pag. 18. 20. 21. 26. 28. 53. 96. 97. 98. 103. 104. 106. 118. 121. 125. 134. 144. 145. 163. 170. 172. 174. 175. 176. 185. 186. 189. 190. 246. 249. 266. 273. 302. 303. 346. 357. 363. 384. 385. 408. 452. 494. 543. 561. 626. 640. 648. 694. *Sponii* Mifcell. erudit. antiq. *Vrfini* famil. Rom. p. Patinum. *Suetonius* cura Patini et Pitifci. *Harduini* numi

an-

antiqui pópulor. et vrbium. *) *Begeri* Bellum
et excidium Tróianum.　*Nicafii* epift. ad
Spanhemium de númo Pantheo *Hadriani*, imp.
Kochii Progr. de *Ariftotele* in numo aureo.
Gorlaei Dactyliotheca.　*Ludewigs* Einleit. zum
teutschen Münzwesen.　*Vaillant* Numifmata
imp. Auguftar. et Caefar.　Deffelb. Numi-
antiqui familiar. Rom.

B.

Bey der Anzeige des numifmatifchen Brief-
wechfels ift nöthig gewefen, gewiffe Abtheilungen davon zu machen, welches, wie ich glaube,
auf folgende Art am fchicflichften gefchehen.

1fte Abtheilung.

Enthält des Freyh. Ezech. von Spanheim
Excell. französifche Briefe an dem Rath
Schott.

2te Abtheilung.

Enthält des Rath Schott Antworten in
fe biger Sprache, aus den Originalconcepten
de,felben.

Diefe

*) Noch ein anderes Exemplar deffelben Buchs be-
fand fich in diefer Bibliothef, welches auf allen
Seiten am Rande, auch unten mit des Freyh. von
Spanheim Anmerfungen dergeftalt verfehen ift,
daß daraus ein ganz neues Werf gemacht werden
fönnte. Desgleichen hat: Erizzo Difcorfo fo-
pra le Medaglie. — Venet. 1559. 4 hinten ein Blat
mit beygefchriebenen Anmerfungen eben diefes berühmten Mannes, mit folgender Ueberfchrift: Er-
rores Erizzo et aliorum.

Diese und die 1ste Abtheilung betreffen unter andern des Freyh. von Spanheim
große Klagen wegen des von ihm zwar selbst
bestimmten Preußes der 12000 Thaler für
seine an dem König von Preußen Friederich I
verkaufte Bibliothek, der aber dem wahren
Werth, zumahl die Bezahlung auch in Berli-
nischer Münze, woran er in England einen
ansehnlichen Verlust leide, geschehen, und
viele Bücher mit seinen Anmerkungen versehen, auch andere seine MSCta noch hinzuge-
kommen wären, nicht angemessen, sondern
dies zusammen wohl noch um die Helfte mehr
werth gewesen sey.

3te Abtheilung.

Enthält des Freyh. von Spanheim
Tochter, der Marquise de Montandre,
Französische Briefe an dem Rath Schott.

Sie redet in einem Briefe von 1711 von einem Vetter, der bey der Königl. Schwedisch.
Armee Obristlieutenant der Garde zu Pferde
und damahls bey dem König in Bender war,
Baron von Falkenberg, ein Schwe-
stersohn des gedachten von Spanheim.

4te Abtheilung.

Enthält des Freyh. von Spanheim
Schwestersohns, Frid. Bonet, Königl.
Preuß. Residenten am Englischen Hofe, Fran-
zösische Briefe an dem Rath Schott.

5te

5te Abtheilung.

Enthält verschiedener Gelehrten und anderer angesehenen Männer französische Briefe an
den Rath Schott, als von D. F. Camien,
Clement, Cronstet, Saleiseau, Paul und
Joh. Paul von Fuchs, Grabe, Hackmann,
Lud. Rüster, Leyser, von Martine, Mo-
lyneux, Müller, Phil. Stosch, (wobey ein
teutsches Schreiben von dessen Vater D. Phil.
Sigism. Stosch, gewesenen Königl. Leib-
und Provinzial-Arzt, wie auch Bürger-
meister zu Cüstrin und der Kayserl. Acad.
nat. curiosorum Mitglied, v. 26 Dec. 1709;
worin er sowohl, als sein eben genannter Sohn,
der nachherige berühmte Freyh. von Stosch
zu Rom, in seinem Schreiben aus dem Haag
vom 17 April 1711 dankbarlich bekennen, daß
er (dieser Stosch) alles, was er damahls von
der alten Münzwissenschaft verstanden, haupt-
sächlich von diesem Rath Schott erlernet
habe,) von Viereck, von Vignole, Joh.
Georg Wachter, zwischen 1698 — 1714.

6ste Abtheilung.

Enthält verschiedener Gelehrten und anderer
angesehenen Männer lateinische Briefe an
dem Rath Schott, als: von F. E. von
Cnyphausen, Mat. Veyß. la Croze, Th.
Hasäus, Christ. Sigism. Liebe, Christoph
Pyll, S. G. Starck, Joh. Frid. Thomas —
(außer einem Briefe in teutscher Sprache von
dem Cüstrinschen Archidiac. Joh. Häns-
ler,

ler, wegen seiner Lebensbeschreib. Marggr.
Johann zu Brandenb.)

7de Abtheilung.

Enthält noch einige französische Antwort-
schreiben des Rath Schott, welche Concepte
aber, weder den Namen an wem, noch die Zeit,
wenn sie geschrieben sind, anzeigen, jedoch dies
bey verschiedenen wohl zu errathen und heraus-
zubringen wäre. Einige gehören zu der Marquise von Montandre und Bonet
Briefen, (in der 3 u. 4ten Abtheil.) den Handel
der Spanheimschen Bibliothek betreffend. Einige Concepte sind an Clement (in der 5ten
Abtheil.) gerichtet. In einigen redet er von
seinen und anderer Münzschriften und von selte-
nen Münzen, mit vielen gelehrten numismatischen Erörterungen.

8te Abtheilung.

Enthält Briefe von allerley Personen und in
verschiedenen Sprachen an dem Rath Schott,
meistentheils aber unerheblichen Inhalts, als
häußliche Angelegenheiten, Commißions und
dergleichen betreffend.

Künftig erhalten Sie die versprochene Nachricht von meinen andern Sammlungen von Briefen gelehrter Männer. Leben Sie indessen wohl.
Ich verbleibe u. s. f.

Berlin,
den 12ten Jul. 1784.

Fünftes

Fünftes Schreiben.

Von andern Sammlungen von Briefen gelehrter Männer.

Ew. ꝛc. empfangen nun annoch versprochener maßen zum Beschluß der Nachricht von allen meinen Handschriften, eine Anzeige von 2 andern Sammlungen ungedruckter Originalbriefe von verschiedenen gelehrten Männern in 3 Abtheilungen, welche alle sich annoch wohlbehalten in meiner Bibliothek befinden.

1ste Abtheilung.

Von Briefen an den ehemaligen Königl. französischen Hofpred. zu Alten-Stettin, Paul Aemil. von Mauclerc, in verschiedenen Sprachen.

Von Georg Gottfr. Küster, Rector zu Berlin, 5 Stück, teutsch.

— Jac. Brucker zu Kaufbeuren, 6 St. lateinisch und 1 St. teutsch.

— Graf v. Bünau aus Warschau u. Eißleben, 4 St. franz.

— dem Prof. Dithmar zu Frankf. a. d. Oder, 3 St. franz.

— dem reformirt. Predig. Elsner zu Berlin, 2 St. lat.

— dem Prof. Joh. Alb. Fabricius zu Hamburg, 1 St. lat.

G   Von

Von dem Prof. Gottsched zu Leipzig, 2 St. franz.
und 1 St. teutsch.

— Jac. Paul v. Gundling zu Berlin, 2 St. lat.
und 1 St. teutsch.

— dem Prof. Hase zu Wittenb. 1 St. lat.

— dem Prof. Jablonsky zu Frankf. a. d. O.,
2 St. lat.

— dem Prof. Roehler zu Göttingen, 1 St. lat.

— dem Prof. Joh. Georg Michaelis zu Halle,
1 St. lat.

— dem Abt Mosheim aus Helmstädt, 17 St. lat.

— Christ. Schöttgen, aus Leipzig und Frankf.
a. d. O., 5 St. lat.

— dem Rektor Walther zu Magdeb., 1 St.
lat.

— Jac. Zimmermann, Predig. zu Zürch, 10
St. lat.

— Pet. Zorn, Rektor zu Neu-Stettin u. Thorn,
7 St. teutsch.

2te Abtheilung.

Von Briefen an den Königl. Astronom zu
Berlin, Gottfr. Kirch.

Von Carl Steph. Jordan zu Potzlow u. Prenz-
low, 3 St. lateinisch.

— J. C. Hermann zu Jena, 1 St. teutsch.

— Lud. Ernst v. Stranz, Senior zu Brandenb.
1 St. teutsch.

— Lud. Ernst Gerlach, Archivar zu Sayn, 1 St.
teutsch.

— Erh. Weigel zu Jena, 3 St. teutsch.

— Just. Gottfr. Rabener, dem älteren, 1 St.
teutsch.

Von

Von Gottfr. Wilh. v. Leibnitz, 12 St. teutsch.
— einem Ungenannten aus Paris, 1 St. lat.

3te Abtheilung.

Von Briefen verschiedener gelehrter Männer
an verschiedene.

Vom Prof. Gottsched zu Leipzig an den Jüdisch.
D. Gumpertz zu Berlin, 1 St. teutsch.
— Andr. Seidel an Lorenz Beger zu Berlin,
1 St. lateinisch.
— Ludolph Neccorus (Küster) an la Croze zu
Berlin, 1 St. lat.
— Casp. Cruciger an Just. Menius, 4 St.
lat.
— Gottfr. Wilh. Leibnitz an Herm. v. d. Hardt,
6 St. lat.
— demselben an einen Ungenannten, 1 St.
teutsch.
— D. Meiern zu Dreßden an Abrah. Calov,
1 St. lat.
— J. P. Breynius zu Danzig an Lud. L'En-
fant, 1 St. lat.
— Carl Gustav Frisendorf zu Hannov. an Mich.
Frid. Quade, 1 St. lat.

Dieser Frisendorf ist der Freyh. von Frisendorf, Carl XII, Königs von Schweden, damaliger Gesandter an dem Chur-
Hannöverisch. Hofe, dem, der Anfangs sich zu
Greifswalde als M. legens befundene, nachherige Rektor am Königl. akad. Gymnasium
zu Alten-Stettin, Quade, (dessen *Memoriam*
ich 1758 in 4to herausgegeben,) seine Diss.

de

de viris statura paruis, eruditione magnis zu
geeignet hatte.

Von Joh. Frid. Mayer zu Greifswald an Erich
Benzel zu Upsala, 1 St. lat. nebst dessen
Antwort. lat.

— Olaus Cavallius im Stift Wexiö, an Joh.
Frid. Mayer, 1 St. lat.

— J. G. Röser an eben denselb. 1 St. teutsch.

— Frid. Breckling zu Gravenhaag an einen
Ungenannten, 1 St. teutsch.

— Joh. Achat. Felix Bielcke zu Stargardt, an
M. F. Quade, 1 St. lat.

— Georg Nathan. Ristmacher zu Stargard,
an eben denselb. 1 St. lat.

— Christ. Kortholdt zu Kiel an Joh. Melch.
Stenger, Inspekt. u. Past. zu Storkow,
1 St. lat.

— Udalric. Zasius zu Freyburg, an Theodoric.
Ungelter, 1 St. lat.

— Mat. Veyß. la Croze an Joh. Arn. Molte-
nius zu Berlin, 1 St. franz.

— F. A. Lampe zu Duisourg an eben denselb.
nach Hanover, 1 St. lat.

— Brandanus Heinr. Gebhardi zu Greifswald, an Ja. Degener zu Stettin, 1 St.
lat.

— Sam. Skracge zu Alt-Ranstädt, an eben
demselben, 1 St. lat.

— Andr. Hiltebrand, D. Med. zu Stettin, an
Joh. Micrälius eben das. 2 St. lat.

Briefwechsel zwischen M. Joh. Micrälius zu
Stettin u. M. Andr. Pröleus zu Stolpe,
4 St. lat., enthalten gel. Anmerkungen
zur alten Geschichte von Pommern.

Von

Von Joh. Wilh. Petersen u. Sam. Crell 4 Briefe; des ersteren vom 13 Merz 1711 und
Crells Antwort darauf 1712; ferner Petersen Schreiben und Crells Antwort, auch
von 1712. teutsch.

— Deguignes und Le Roux Desbauhayere
Interpretes du Roi de France. 1748 an einen Ungenannten, 1 St. franz.

— Christ. Gottfr. Eltester zu Berlin an den
D. Krysing zu Flensburg, 2 St. 1737 und
1738. teutsch. Beyde ganz antiquarischen
Inhalts.

— Joh. David Grillo zu Frankf. a. b. Oder an
vorbenannten Eltester, 2 St. 1737. teutsch.
nebst des letzteren Antworten, 2 St. 1737.
teutsch. Beydes auch antiquarischen Inhalts.

— Carl Freyh. von Grothaus an des Königl.
Preuß. Staatsminist. in Schlesien Hrn.
von Hoym Exc. nebst dessen Antwort.
lat. *)

G 3　　　Von

*) Diese 2 Briefe betreffen die schöne lateinische Rede
des ehemaligen Hanöverischen Obristlieutenant
und Correspondenten der Königl. Societät der
Wissenschaften zu Göttingen, Freyh. von
Grothaus, jetzigen Obersten in der Königl.
Preuß. Armee, bey der Suite des Königs zu
Potsdam, de re militari, welche er den 19ten
Merz 1778 in einer außerordentlichen Versamlung
bey Anwesenheit Er. Durchl. des Prinzen Carl
von Hessen, zu Göttingen abgelesen hatte; worin
er fürnehmlich die Wiedereinführung der Leibes-
übungen nach dem Beyspiel der Alten und Zufolge
der Lehren des Vegetius, insonderheit im Laufen
und Schwimmen anpreiset. Diese Rede ward sogleich

Von Benj. Potzerne zu Greiffwald an Andr.
Müller aus Greifenhagen, zu Stettin,
1 St. lat.

— Arna Magnäus (aus Island) zu Stettin,
an denselben, 1 St. lat.

— Joh. Duräus (1669, damahls zu Berlin)
an einen ungenannten Churfürstl. Brand.
Hofpred. daselbst, 1 St. lat. *)

*　*　*

Hier ist nun alles, was Sie von mir zu wissen begehret. Haben Sie Sich mehr davon vor-
gestelt, als Sie gefunden, ist es nicht meine,
sondern Ihre Schuld, da ich es Ihnen vorher
gemeldet hatte, daß Sie Sich nichts Großes von
meinen eigenen und anderen Handschriften in
meiner Bibliothek vorstellen möchten. Sie wissen ja auch selbst, daß ich es niemahls darauf
angeleget, solche mit fremden Handschriften zu
bereichern, sondern gern zufrieden gewesen bin,
wenn ich), bey den vielen Wissenschaften, worauf

gleich daselbst in gr. 8vo und hiernächst wiederum
zu Breßlau mit einer Französischen Uebersetzung
von dem Freyh. von C. (Castellow, Französischen Hauptmann) in 4to 1779 gedruckt. Von
der ersten Ausgabe melden, ihrem Hauptinhalt
nach, die Göttingischen gel. Anzeigen v. 1778
sten J. im 1 B. 46 St. a. d. 369 S.
*) Ohne Zweifel wird es Bartholom. Stosch seyn,
der mit Duräus gleiche Christliche Wünsche für die
Vereinigung beyder Protestantischen Religionen
hegete, und nur kurz vorher 1666 zu Berlin in 4to
einen Summarischen Bericht von der Märk-
schen Reformirten Kirchen Einträchtigkeit
hatte drucken lassen.

auf ich mich geleget, nur das dazu nöthige von
gedruckten Schriften erlangen können; wo=
durch, obschon ich, manches dergleichen bisher
vergeblich gesuchet, das ich doch gut bezahlen
wollen, meine Bibliothek dennoch so stark ange=
wachsen, daß sie mir jetzt, bey meinen nun hohen
Jahren, da ich auch dem Professor Leben längst
entsaget und neuerlich noch in ein ganz anderes
Fach, ohne mein Suchen und Denken, gekom=
men bin, mehr zur Last, als zur Lust ist. Für
meine, bey diesen Ihnen ertheilten Nachrichten,
angewandte viele Mühe, um alles dies zusam=
men zu suchen und zu ordnen, werde ich mich
für vollkommen belohnt halten, wenn Ihnen sol=
che auch nur etwas Vergnügen gemacht hätten;
jedoch wünschte ich hiebey wohl, von Ihnen und
andern meinen gelehrten Freunden, gleicher Art
Nachrichten zu erhalten.

Ich bin übrigens, wie ich immer gewesen
und bis an mein Ende seyn werde

Berlin
den 16 Nov. 1784.

ganz der Ihrige
Oelrichs D.

Inhalt.

Inhalt dieser Briefe.

A. d. 4 S. 21 Z. nach *circumcisione*, ist ausgelassen: seu potius *supercisione*

— 14 S. 6 Z. statt: Strafe der Tonne ließ: Gefängnißtonne